I0839654

DOMINIQUE TEMPLE

LE QUIPROQUO HISTORIQUE

Collection *réciprocité*

N° 12

ISBN 979-10-97505-11-0

SOMMAIRE

PREMIÈRE PARTIE :

Le Quiproquo Historique chez les Caraïbes   p. 7

   1. 1. La contradiction de système   p. 9

   1. 2. Les différents visages du quiproquo historique
chez les Caraïbes   p. 21

DEUXIÈME PARTIE :

Le Quiproquo Historique chez les Guarani   p. 37

   2. 1. Le quiproquo politique   p. 39

   2. 2. Le quiproquo missionnaire   p. 77

   2. 3. Le quiproquo historique religieux   p. 85

TROISIÈME PARTIE :

Le Quiproquo Historique chez les Aztèques   p. 143

QUATRIÈME PARTIE :

Le Quiproquo Historique chez les Européens   p. 167

BIBLIOGRAPHIE :   p. 203

Le Quiproquo Historique chez les Caraïbes a été proposé à la publication en France, en 1980. Refusé, il a été traduit et publié en Bolivie : *El Quid pro quo Histórico* (La Paz, 1997), puis dans *Teoría de la reciprocidad* (La Paz, 2003). Il a cependant été publié en français par *Golias,* en Belgique, en 1992.

PREMIÈRE PARTIE

LE QUIPROQUO HISTORIQUE CHEZ LES CARAÏBES

1. 1. La contradiction de système

Le 12 Octobre 1492, à la deuxième heure après minuit, la terre parut. Alors, ils virent des gens nus :

> « Ensuite, ceux-là venaient, nageant, aux chaloupes des navires dans lesquelles nous étions, et ils nous apportaient des perroquets, du fil de coton en pelotes, des sagaies et beaucoup d'autres choses qu'ils échangeaient contre d'autres que nous leur donnions, telles que petites perles de verre et grelots. Enfin, ils prenaient et donnaient ce qu'ils avaient, tout, de bonne volonté[1]. »

Sur la première île des Caraïbes, Christophe Colomb ne trouve pas d'or, mais les indigènes lui disent qu'il en trouvera davantage plus loin. Aussitôt, il lève l'ancre. Et voilà que sur l'île nouvelle, la rencontre se reproduit : les indigènes accourent pour saluer les hommes qui viennent d'au-delà des mers et leur apportent des vivres. Ils montent sur les caravelles, offrent tout ce qu'ils possèdent et se contentent de quoi que ce soit en retour qui atteste leur contact avec l'étranger. Lorsqu'ils ne peuvent rien obtenir des matelots, au besoin ils le prennent sur le pont du navire, même si ce n'est qu'un morceau de bois, plongent et s'enfuient à la nage ! Et la

---

1. Christophe Colomb, *La découverte de l'Amérique*, (3 vol.), I *Journal de bord 1492-1493* ; II *Relations de voyage 1493-1504* ; III *Écrits et documents 1492-1506*, éd. La Découverte, Paris, 1979-1991. Rééd. *Écrits complets (1492-1505)*, La Découverte, Paris, 2015 ; p. 119.

scène se renouvelle sans cesse car l'Amiral[2] lève et jette l'ancre d'île en île, toujours à la recherche de l'or.

Colomb observe, note à chaque fois les mêmes événements, mais longtemps insatisfait, ne parvenant pas à comprendre le sens de ces dons. D'île en île, pourtant, il approfondit son interprétation, et jamais la réalité du Nouveau Monde ne fut mieux décrite. Il vaut donc la peine de suivre l'Amiral ligne par ligne.

La première offrande des Amérindiens est une manière de souhaiter la bienvenue aux étrangers, à laquelle Colomb répond de même, mais dans son esprit, ces gestes de bienveillance sont ordonnés au souci de tirer parti d'autrui. Colomb utilise le *don* pour amorcer des *échanges* fructueux, pour établir des auspices favorables au commerce, et prête cette même intention aux autochtones. Il ne doute pas que les Indiens des Caraïbes soient les égaux des Espagnols parce qu'il les croit motivés par le même but : l'intérêt. Pourtant, le lendemain du premier jour, il remarque déjà :

> « Ils apportaient des pelotes de coton filé, des perroquets, des sagaies et d'autres petites choses qu'il serait fastidieux d'énumérer. Ils donnaient tout pour n'importe quoi qu'on leur offrît. J'étais attentif et m'employai à savoir s'il y avait de l'or[3]. »

Qu'ils *donnent tout pour n'importe quoi*. Voilà qui n'a pas échappé non plus à son équipage…

> « Tout ce qu'ils ont, ils le donnent pour n'importe quelle bagatelle qu'on leur offre, au point qu'ils prennent en

---

2. Christophe Colomb (1451-1506) est nommé Amiral, vice-roi des Indes et gouverneur général des territoires qu'il découvrira, par Isabelle de Castille et Ferdinand d'Aragon, les Rois Catholiques d'Espagne.

3. *Ibid.*, pp. 120-121.

échange jusqu'à des morceaux d'écuelle et de tasses de verre cassées, et que j'ai vu donner seize pelotes de coton pour trois *ceutis*[4] de Portugal qui valent un *blanc* de Castille. »

Cette générosité surprend et même suscite quelque inquiétude. Aussi, Colomb impose-t-il à ses hommes de n'accepter aucun cadeau sans rien donner : si l'on veut que les indigènes échangent leur or, il faut être rigoureux sur le principe même de l'échange. Recevoir des dons sans contrepartie signifierait un autre système de prestation, un risque auquel l'Amiral se refuse. Le 22 Décembre, il renouvelle l'admonestation du deuxième jour :

« Aujourd'hui, avant de partir, il [Colomb[5]] envoya six hommes à trois lieues de là vers l'ouest, à un très grand village dont le seigneur était venu le voir la veille et qui disait qu'il avait quelques morceaux d'or. Quand les Chrétiens arrivèrent là, le seigneur prit par la main le notaire de l'armada qui était l'un d'eux et que l'Amiral avait envoyé pour qu'il pût s'opposer à ce que les autres traitassent les Indiens de manière indue, car ceux-ci n'étaient que simplesse, et les Espagnols avaient tant de cupidité et de démesure qu'il ne leur suffisait pas que les Indiens leur donnassent tout ce qu'ils voulaient pour un ferret d'aiguillette, un morceau de verre, de faïence ou moins encore, mais qu'ils voulaient tout avoir et prendre

---

4. Une des plus infimes piécettes espagnoles de l'époque. Un *blanc* de Castille = un demi-maravédis.

5. L'original du *Journal de bord*, remis par Colomb aux souverains espagnols à son retour des Antilles, est perdu, mais une copie (aujourd'hui également disparue), conservée à Saint-Domingue dans les archives de la famille Colomb, a permis à Bartolomé de Las Casas de rédiger son *Historia de las Indias* (écrite entre 1527 et 1559). C'est pourquoi le récit de Colomb est à certains endroits rapporté au style indirect.

sans leur rien donner. Cela, l'Amiral l'avait toujours défendu[6]. »

Colomb n'ignore pas l'effet du don : il sait que non seulement le présent réjouit celui qui le reçoit, mais qu'il réjouit celui qui donne.

> « Je lui donnai quelques grelots et quelques petites perles de verre et il en fut content et très joyeux. Pour que l'amitié grandisse encore davantage et pour les associer aussi, je lui fis demander de l'eau, et eux, après que je fus revenu à la nef, vinrent à la plage avec leurs calebasses pleines d'eau et ils se réjouirent beaucoup de nous la donner[7]. »

La perception d'une autre motivation que celle de l'intérêt est évidente. Cependant la fièvre de l'or augmente et n'importe quel geste indigène est interprété comme l'annonce prochaine des mines d'or.

Le 12 Novembre :

> « Selon ce qu'ils exprimaient par signes, là, les habitants recueillaient l'or sur la plage, à la lueur de flambeaux, puis, au marteau, ils en faisaient des lingots[8]. »

Par signes, aussi, les Indiens renvoient Colomb toujours plus loin. Mais le temps passe et l'or reste introuvable. Le lundi 3 Décembre, Colomb rencontre une bande armée :

> « Je m'approchai d'eux, leur donnai quelques bouchées de pain, puis leur demandai les sagaies et, en échange, je donnai aux uns un petit grelot, aux autres une bague de laiton, à d'autres quelques perles en verre, de sorte que tous s'apaisèrent, vinrent aux barques et remettaient tout

---

6. *Ibid.*, pp. 205-206.
7. *Ibid.*, p. 134.
8. *Ibid.*, p. 152.

ce qu'ils avaient pour ce qu'on voulait bien leur donner. Les marins avaient tué une tortue dont la carapace était en morceaux dans la barque. Les mousses en donnaient des morceaux gros comme l'ongle aux Indiens qui remettaient en échange une poignée de sagaies. Ce sont, dit l'Amiral, des gens semblables aux Indiens dont j'ai déjà parlé, de même foi, qui, comme les autres, croient que nous venons du ciel et, pour n'importe quoi qu'on leur donne, sans jamais dire que c'est trop peu, donnent aussitôt ce qu'ils possèdent. Et je crois qu'ils feraient de même des épices et de l'or s'ils en avaient[9]. »

"Sans jamais dire que c'est trop peu", voilà qui récuse la première hypothèse de Colomb qui voyait dans ces dons l'amorce d'un échange intéressé. Mais une autre observation est plus décisive : peu importe l'objet rendu aux gens du pays. Il peut être un morceau, gros comme l'ongle, d'une carapace de tortue, qui est pourtant une tortue indigène, il revêt une importance exceptionnelle dès qu'il est *donné* par un Espagnol. Ce n'est pas la valeur propre, la valeur intrinsèque de l'objet, qui intéresse l'Amérindien mais le fait qu'il puisse être donné par l'étranger et qu'il puisse *témoigner de l'alliance* réalisée avec lui. Et c'est pour ce signe de *l'autre* que l'on donne donc tout.

Le 13 Décembre, Colomb décrit une nouvelle fois l'hospitalité des Amérindiens :

« Tous venaient auprès des Chrétiens et leur posaient les mains sur la tête, ce qui est signe de grand respect et d'amitié [...] Les Chrétiens disent qu'après que les craintes des Indiens furent apaisées, ceux-ci entraient en leurs maisons et leur rapportaient de ce qu'ils avaient à manger [...]. Et ils donnaient tout ce qu'on leur demandait sans rien vouloir en échange[10]. »

---

9. *Ibid.*, p. 175.
10. *Ibid.*, p. 188.

Colomb réalise, cette fois, que le don exprime une intention différente pour les uns et pour les autres : pour les Espagnols, celle de créer la confiance et la paix nécessaire pour *échanger*, et pour les Amérindiens celle d'une autre prestation, mais qui reste encore énigmatique.

Le 18, il observe que ses dons sont traités de façon exceptionnelle :

> « Un marin dit qu'il l'avait [le roi d'*Hispaniola*[11]] rencontré sur son chemin et qu'il avait vu que tous les objets que lui avait donnés l'Amiral étaient portés devant lui chacun par un homme qui lui avait semblé choisi parmi les plus notables[12]. »

Les dons de l'Amiral sont portés en "procession". Quelques jours plus tard, le 23 Décembre :

> « Finalement, le cacique vint avec eux et tout le peuple, qui comptait plus de deux mille hommes, se rassembla sur la place qui était bien nettoyée. Ce roi combla d'honneurs les gens des navires, et ceux de son peuple apportèrent quelque chose à manger et à boire. [...] Les gens du peuple donnaient aux marins de ces mêmes étoffes et d'autres objets de leurs maisons contre les moindres choses qu'on leur remît, et dont on voyait à la manière dont ils les recevaient qu'ils les tenaient pour des reliques[13]. »

"Relique" ! Les Amérindiens veulent donc témoigner qu'ils ont établi une alliance avec les étrangers comme les Espagnols témoignent de leur relation à leur Dieu en vénérant les reliques des Saints. Bientôt l'Amiral cède à l'évidence. Il n'y a aucune concupiscence, aucune idée de profit dans le

---

11. Aujourd'hui Haïti Saint-Domingue, dans les grandes Antilles.
12. *Ibid.*, p. 197.
13. *Ibid.*, p. 208.

comportement amérindien mais *le souci de donner pour créer de l'amitié*. Le don indigène lui apparaît si spontané qu'il ne lui voit plus d'autre motivation.

Le don veut induire la réciprocité dont jaillit l'amitié. C'est à l'être commun produit par la reconnaissance de l'autre qu'est ordonnée l'offrande. Aussi est-elle vouée à se conformer aux désirs de l'hôte :

> « Tant les hommes que les femmes et les enfants, faisant mille démonstrations, couraient les uns par-ci, les autres par-là, pour nous apporter de ce pain de *niames* qu'ils appellent *ajes* qui est très blanc et très bon, aussi de l'eau dans des calebasses et dans des cruches de terre de la façon de celles de Castille. Ils nous apportaient tout ce qu'ils avaient dans ce monde et ce qu'ils savaient que l'Amiral désirait. Et tout cela d'un si bon cœur et avec tant de joie que c'était merveille.
>
> "Et qu'on ne dise pas, dit l'Amiral, qu'ils donnaient libéralement parce que ce qu'ils donnaient valait peu, car ceux qui donnaient des morceaux d'or et ceux qui donnaient la calebasse d'eau agissaient de même et aussi libéralement. Et c'est chose facile, ajoute-t-il, que de savoir, quand une chose est donnée, qu'elle est donnée de grand cœur"[14]. »

Nous sommes le 21 Décembre :

> « Finalement, l'Amiral dit qu'il ne peut croire qu'un homme ait déjà vu des gens d'un cœur si bon, si généreux et si craintifs, car tous se défaisaient de ce qu'ils avaient pour le donner aux Chrétiens, courant, à peine les voyaient ils arriver, pour leur apporter tout[15]. »

---

14. *Ibid.*, pp. 201-202.
15. *Ibid.*

Colomb reconnait que *donner* est le fondement du prestige social. Ce n'est pas seulement pour augmenter l'être de l'alliance, qu'il importe de donner, mais pour être "grand" vis-à-vis de ses proches. L'imaginaire amérindien associe l'être de l'alliance à la qualité et la quantité du don ; de sorte que plus l'on donne, plus l'on accroît son renom.

Cette proportion induit une hiérarchie. La notion d'"autorité de prestige" apparaît lorsque Colomb s'aperçoit que les Amérindiens non seulement cherchent à donner autant qu'il accepte lui-même, mais encore *luttent entre eux pour donner davantage* :

> « Lorsqu'ils virent que l'Amiral avait reçu tout ce qu'on lui avait apporté, tous les Indiens, ou la plupart, coururent vers leur village qui devait être assez proche pour en rapporter plus de victuailles encore, des perroquets et d'autres choses qu'ils avaient, et cela de si grand cœur que c'était merveille[16]. »

Que les Espagnols qui débarquent ne cherchent que les épices et l'or, cela ne fait aucun doute. Que leur souci soit le profit, même justifié par d'autres préoccupations (Colomb avait confié à Isabelle la Catholique son désir de trouver des monceaux d'or afin de conduire les armées d'Espagne à la reconquête de Jérusalem), cela aussi ne fait pas de doute. Mais les hommes d'équipage entrevoient la possibilité de s'émanciper et de devenir riches. Ils rêvent d'instaurer leur loi sur des populations proclamées dociles et primitives. Une fois arrivés sur les terres d'Amérique, ils ne veulent plus obéir à personne. Ils n'ont d'autre but que l'or. Dès le premier voyage, le capitaine de la *Pinta*[17], Martín Alonzo Pinzon, fait

---

16. *Ibid.*, p. 203.

17. L'expédition de Christophe Colomb se compose d'un grand navire, la *Santa María,* et de deux caravelles, la *Pinta* et la *Niña.*

sécession et part à la recherche de l'or pour son propre compte.

Lorsque Christophe Colomb repart pour la seconde fois pour l'Espagne, les conquistadors ont perdu leurs illusions. Ils n'espèrent plus trouver d'or que dans le sable des rivières et utilisent les indigènes comme esclaves pour laver le sable. Ils placent à leur tête un aventurier, Francisco Roldán, et se répartissent les indigènes. À son retour, Colomb doit s'incliner devant Roldán. Il recouvre cependant une part de son autorité, mâte une rébellion, puis il est vaincu. Il est renvoyé en Espagne les fers aux pieds. Le nouveau Gouverneur, Francisco de Bobadilla, dépêché par le roi d'Espagne, autorise l'exploitation de l'or. Chacun peut désormais accumuler l'or pour son propre compte et par n'importe quel moyen. Carnage et esclavage n'ont alors plus de limites. Les sociétés amérindiennes, fondées sur la réciprocité des dons, sont sans défense devant la barbarie : la chair contre le fer.

Le système qui s'instaure en Amérique ne règne pas encore en Europe où les marchands n'ont aucun droit aux décisions politiques. Mais la rencontre des deux mondes anticipe sur l'histoire. Elle est déjà l'affrontement de deux systèmes économiques dont l'un – celui de l'échange – apparaît pour la première fois dans l'histoire humaine libre de toute obligation. Sur le continent américain, parmi les colons, la valeur d'échange l'emporte sur toutes les valeurs religieuses, politiques et morales. Or, les deux économies du don et de l'accumulation, du prestige et du profit, sont antagonistes.

Valeur de prestige contre valeur d'échange, la contradiction des deux systèmes est radicale. L'Amérindien voit la valeur dans la parure dont la beauté est celle de l'être de l'alliance nouvelle, et l'Espagnol mesure son avantage à la possession des biens matériels. Le premier cherche l'extension de l'être par la reconnaissance d'autrui, le second l'extension de son pouvoir sur l'autre.

Les deux sociétés sont mues par des dialectiques inverses. Pour les uns, le don est un geste de reconnaissance d'autrui. Cette relation est génératrice d'amitié. Pour les autres, le don est bagatelle et n'a de sens que pour introduire son contraire : l'échange et l'accumulation, puis la mise en exploitation du travail indigène.

La découverte des autres sociétés du Nouveau Monde confirmera que le système amérindien est tout entier, de l'Alaska à la Patagonie, ordonné autour de deux principes :

– La *réciprocité des dons* est génératrice d'une valeur d'amitié supérieure à la valeur propre de chacun des partenaires.

– Plus l'on donne à autrui et davantage l'on est prestigieux.

Les étrangers, quant à eux, prennent et pillent sans mesure. Leur objectif est l'accumulation, et leur loi, le profit. Leur système économique est fondé sur l'intérêt et la propriété privée. Mais si le prestige est le contraire du profit – puisqu'il s'acquiert en distribuant et non pas en accumulant – les deux systèmes ajoutent leurs effets dans le même sens : le transfert de toute la richesse matérielle entre les mains des Européens.

La colonisation ne se réduit pas à une seule dynamique, celle du fort contre le faible, mais à un jeu de forces antagonistes qui loin de se neutraliser se renforcent. La colonisation ne s'exprime pas seulement par "les Espagnols prennent", mais par "les Amérindiens donnent".

Débarquement de Christophe Colomb en Amérique
Gravure de Théodore de Bry - XVIe siècle
(BnF, département des Cartes et Plans)

Le vaisseau amiral *Santa María*

(By Edward Hart - The Library of Congress)

1. 2. Les différents visages du quiproquo historique chez les Caraïbes

La contradiction des deux systèmes n'est pas évidente pour tous. Et c'est parce qu'ils l'ignorent et qu'ils s'imaginent que l'autre partage leur point de vue que les peuples indiens courent au suicide.

Le Quiproquo économique

Les Amérindiens voient surgir de l'océan les Espagnols avec stupéfaction. Ils les prennent d'abord pour des dieux qui viennent du ciel. Or, les Espagnols sont sans vivres et sans femmes. On ne peut, du côté amérindien, ne pas immédiatement donner l'hospitalité à qui demande même de l'eau. Et la joie est grande de ce que les étrangers reçoivent, prennent tout ce qu'on leur donne. Pour les Amérindiens, cela signifie que les Espagnols viennent en amis, en alliés qui reçoivent "tout contre rien", et qui à leur tour seront donateurs.

Colomb répond de la façon la plus efficace qui soit pour confirmer le quiproquo : il donne, lui aussi. Il ne perçoit pas immédiatement le sens que les Amérindiens donnent à sa "pacotille" car il s'étonne de ce qu'ils se contentent de si peu. Mais ses dons (des boutons de veste, des grelots ou des barrettes qui servaient de parures aux officiers, des bonnets) sont reçus comme témoignages d'une personne de qualité.

Et l'on "se rend" au donateur prestigieux, on l'honore, on se met sous sa bannière politique, on lui obéit. Cela, Colomb le voit dès le premier jour, dès la première heure :

> « Moi, dit-il, afin qu'ils nous aient en grande amitié et parce que j'ai connu qu'ils étaient gens à se rendre et convertir bien mieux à notre Sainte Foi par amour que par force, j'ai donné à quelques uns d'entre eux quelques bonnets rouges et quelques perles de verre qu'ils se sont mises au cou, et beaucoup d'autres choses de peu de valeur dont ils eurent grand plaisir ; et ils en devinrent si nôtres, que c'était merveille[18]. »

Il est extraordinaire que ce soit la première parole prononcée par un Occidental sur la terre d'Amérique qui nous propose immédiatement tous les éléments pour comprendre la tragédie du Nouveau Monde. Cette déclaration est en effet la première profession de foi du *Quiproquo historique* : l'homme qui vient prendre se présente sous le masque du don. Au don de tout, il répond par un don qui signifie pour son hôte le prestige d'un grand donateur. Les Amérindiens prennent aussitôt les étrangers pour d'autres hommes semblables à eux. Ils donneront pour créer une alliance nouvelle et pour augmenter leur prestige, parce qu'ils prennent leurs hôtes pour d'autres donateurs.

De la plus humble hutte de paille au sommet des pyramides, toutes les sociétés d'Amérique se sont trompées sur l'étranger car elles n'ont pas pu imaginer son système économique. Elles croyaient reconnaître la *réciprocité,* elles rencontraient l'*échange.*

---

18. *Ibid.*, p. 119.

Toutes crurent s'adresser à d'autres donateurs, toutes se suicidèrent par le don. L'hypothèse que les Espagnols étaient des stratèges de génie est inutile. Les Amérindiens donnent pour être, les Espagnols prennent pour avoir. Il n'y a pas un fort ou un faible, un conquérant/un conquis, un être intelligent/un être primitif. L'Indianité d'Amérique participe à l'accumulation espagnole et à sa propre ruine de toutes ses forces. C'est de concert, c'est en accord que les deux dynamismes amérindien et espagnol ont détruit la "cité" amérindienne. Pas une ville, pas un village de toute l'Amérique n'échappe au Quiproquo – que l'on peut d'ailleurs toujours constater à loisir puisqu'il dure encore !

L'effondrement économique amérindien est indépendant de la férocité ou de l'ignominie des colons. Cela n'excuse pas les atrocités perpétrées par les Occidentaux sur ceux dont ils mettaient en cause jusqu'au nom d'humanité, mais l'on se méprendrait à ne voir dans le crime de la colonisation qu'un déchaînement de l'homme occidental.

L'Indianité d'Amérique n'est pas non plus innocente par nature, généreuse, capable de donner à l'infini l'hospitalité, telle une victime désignée par le sort, elle est tributaire d'un système aussi cohérent que le système occidental, également logique, qui la condamne à la mort physique et matérielle tant que durera le Quiproquo Historique.

Les sociétés amérindiennes n'ont pas ou peu de pouvoir central : chacun donne ce qu'il produit, lui, son clan ou sa famille, pour mériter le *prestige* auquel il prétend. Les familles sont donc concurrentes pour donner ; elles s'individualisent et rendent difficile une organisation étatique centralisée. Mais, à part dans les Andes, l'État est un État dispersé. L'État amérindien est fondé sur la responsabilité et l'autorité morale, non pas sur la force et le pouvoir.

Les communautés d'Amazonie ont pour dimensions celles qui résultent de l'équilibre le plus approprié au déploiement des responsabilités individuelles et à la généralisation de la valeur d'amitié, la "simplesse", dit Colomb, des uns et des autres. Il en résulte une absence caractéristique de pouvoir. Même ceux que les Espagnols appellent des rois ou des seigneurs – les caciques – ne sont que des autorités morales, les hommes les plus spontanément respectés de tous parce que les plus grands donateurs ou les meilleurs guerriers. Et lorsque l'étranger choisit parmi eux celui qu'il estime le plus blanc de peau, le plus beau ou le plus riche, aussitôt celui-là est honoré des siens pour avoir mérité l'alliance – il est leur élu pour avoir été nommé par *l'autre*, pour avoir été reconnu de *l'autre* !

Ainsi, le 12 Décembre, Colomb renvoie à terre une femme que lui ont ramenée les marins...

> « "Cela, parce que, dit l'Amiral, je leur avais ordonné de saisir quelques habitants pour les traiter honorablement et leur faire perdre la peur, au cas où il y eût ici quelque chose de profit..." ».

L'Amiral la fit vêtir, lui donna des perles de verre, des grelots et des bagues de laiton, puis la renvoya à terre très honorablement, selon sa coutume[19]. »

Et le 13 :

« Ils virent venir une grande foule dans laquelle se trouvait le mari de la femme que l'Amiral avait honorée et renvoyée. Ils portaient cette femme sur leurs épaules et venaient rendre grâce aux Chrétiens pour l'honneur que l'Amiral lui avait témoigné…[20] »

Le 22 Décembre, Colomb note :

« Ces gens sont de si grand cœur qu'ils donnent de la meilleure volonté du monde ce qu'on leur demande et qu'il semble qu'on leur accorde une faveur en leur demandant[21]. »

Il se rend compte que lorsqu'il demande à l'un plutôt qu'à l'autre, il promeut l'homme de son choix au titre de plus grand donateur. Ce dernier est immédiatement estimé par les indigènes comme le plus qualifié pour représenter la nouvelle alliance, et son prestige est rehaussé aux yeux de tous. C'est ainsi que s'enchaîne l'autorité politique amérindienne à l'autorité politique coloniale. Et la compétition entre donateurs devient compétition pour s'allier à l'étranger.

19. *Ibid.*, p. 186.
20. *Ibid.*, p. 188.
21. *Ibid.*, p. 205.

Par vagues successives, au fur et à mesure de l'avancée coloniale, les communautés s'empressent d'accueillir les conquérants. Entre les caciques se développe alors une compétition pour être l'"élu". Chacun rivalise dans le don et sinon tente de détruire son rival plus heureux. Les premiers à s'allier sont élevés à un rang supérieur. Cette promotion entraîne néanmoins des perturbations dans la hiérarchie traditionnelle, des dissensions et des affrontements entre les nouveaux et les anciens détenteurs de l'autorité. Par exemple, lorsque l'Amiral rencontre Guacamari, grand cacique d'Hispaniola, celui-ci lui offre tout.

> « Lorsque l'Amiral mit pied à terre, le roi vint le recevoir, lui donna le bras [...]. Le roi ôta alors sa couronne et la mit sur la tête de l'Amiral, qui détacha de son cou un collier de belle cornaline [...] et le passa à celui de ce roi. Il se dépouilla en même temps d'un manteau d'écarlate fine qu'il avait mis ce jour-là et l'en revêtit[22]. »

Lorsque les Espagnols reviennent sur l'île, un an après[23], ils découvrent que leur garnison a été détruite. Ils apprennent que le roi Guacamari était en un autre endroit, blessé à une jambe, ce qui l'avait empêché de venir, mais qu'il viendrait un autre jour ; que la cause de cela était que deux autres rois, appelés l'un Cahonaboa et l'autre Mayreni, étaient venus combattre Guacamari et lui avaient brûlé son village...[24].

---

22. *Ibid.*, p. 219.

23. Lors de son deuxième voyage (1493-1496), la flotte de Christophe Colomb se compose de 17 navires et 1500 hommes dont 700 colons et 12 missionnaires.

24. *Ibid.*, pp. 318-320.

Cahonaboa, après avoir vaincu Guacamari, recherche à son tour l'alliance avec les Espagnols ; ce qui lui vaudra de tomber dans le piège que lui tendra Colomb :

> « La manière dont on doit s'y prendre pour s'emparer de Cahonaboa est la suivante, réserve faite de ce qui se passera alors sur place. Que le dit Contreras entreprenne fort Cahonaboa et fasse en sorte qu'il vienne parler avec vous, parce qu'ainsi plus sûrement vous le pourrez capturer. Comme il va nu et qu'il serait malaisé de le retenir, et que, de même, si tout à coup il s'échappait et s'enfuyait de par la disposition du pays on ne pourrait facilement le ressaisir, quand vous aurez entrevue avec lui, faites-lui donner une chemise et qu'on l'en habille aussitôt, ainsi que d'un capuchon, qu'on lui ceigne une ceinture et qu'on lui mette une toque ; ainsi vous le pourrez tenir sans qu'il vous échappe[25]. »

De la cape d'écarlate en signe d'alliance à la ceinture de traîtrise, Colomb n'a pas beaucoup d'états d'âme. Mais l'attitude de Guacamari, confiante, ou celle de Cahonaboa, méfiante, a aussi un même but : *l'alliance*. Et si Cahonaboa a détruit Guacamari, la raison en est de prétendre à son tour à *l'alliance nouvelle*. Dès lors, une part de la tragédie militaire est un règlement de compte entre ceux qui déjà sont les alliés des étrangers et ceux qui entendent le devenir. Les derniers arrivés se retournent contre les premiers, mais ne cherchent qu'à prendre leur place. La tradition historique prétend que les Espagnols conçurent une stratégie militaire d'après les conflits entre les communautés autochtones, mais ils ignoraient tout de ces rivalités et quels en étaient les ressorts. Ce sont plutôt les Amérindiens qui ont pratiqué la surenchère des alliances, et se sont détruits les uns les autres.

---

25. « Instructions à Mosen Pedro Margarite » pour reconnaître les provinces de l'île Hispaniola (9 Avril 1494). *Ibid.*, p. 354.

Lorsque les Amérindiens s'aperçoivent que les Espagnols ne sont ni des dieux ni des hommes, selon leur civilisation, et qu'ils n'appartiennent à aucune communauté de réciprocité, se développe une vraie résistance – ils se rebellent et prennent les armes. Mais ils sont laminés entre les Espagnols et ceux des leurs qui, ignorant encore la réalité, veulent s'allier à leur tour aux étrangers…

Le Quiproquo de parenté

Colomb observe le *don amérindien* et s'en émerveille, puis il prend conscience de l'antagonisme du don et de l'accumulation, du profit et du prestige. Il reçoit un véritable choc, lors de son deuxième voyage, en découvrant que la garnison qu'il avait laissée dans le Nouveau Monde a été anéantie. Il ne sait que penser. Il s'aperçoit que ceux qu'il appelait des agneaux peuvent aussi prendre les armes.

La blessure de Guacamari est feinte. Guacamari, prudent, évite l'entrevue pour ne pas avouer qu'il a lui-même fait justice des exactions des Espagnols :

> « Et tous disaient d'une seule voix que Cahonaboa et Mayreni les avaient tués. Mais à tout cela, ils mêlaient la plainte que des Chrétiens, l'un avait trois femmes et l'autre quatre, d'où nous avons déduit que le mal survenu aux nôtres avait été affaire de jalousie...[26] »

Bartolomé de Las Casas, qui rapporte les propos de l'Amiral, est dans son propre commentaire plus précis :

> « Guacamari dit : Ils [les Espagnols] se mirent à se quereller et à avoir discordes entre eux. Ils prenaient femmes à leurs maris et les fils à leurs pères et s'en allaient chercher de l'or chacun pour soi. Certains Biscayens se rassemblèrent contre les autres, et ainsi se dispersèrent-ils par le pays où ils furent tués de par leurs fautes et mauvaises actions. Et cela est certain, car s'ils étaient restés tous ensemble, installés sur la terre de Guacamari et

---

26. « Lettre du Dr. Chanca » (1494), cf. Colomb, vol. II *Relations de voyage*, 1991, *op. cit.*

29

sous sa protection, ils n'eussent pas irrité les naturels en s'emparant de leurs femmes et de leurs filles, ce qui les outrage et offense le plus comme à quiconque[27]. »

Les raisons invoquées par les Amérindiens sont claires. Les Espagnols ont pris femmes dans les communautés et ont accepté les services de parenté de leurs alliés, mais ils n'ont pas traité leurs femmes comme des épouses[28]. Ils les ont si peu considérées que les pères et les frères de ces femmes ont décidé de mettre fin aux abus.

L'affrontement est né d'une confusion : pour les Amérindiens, la relation de parenté est le modèle de toute relation de réciprocité. Cette réciprocité de parenté est la première matrice de ce qui est le plus spécifiquement humain. La femme crée par son alliance non seulement un foyer mais l'être de la société entre les clans, entre les tribus, et donc entre eux et les étrangers. Les femmes amérindiennes jouent un rôle essentiel car les Espagnols n'ont pas de sœurs ou de filles qui puissent devenir les épouses des indigènes. Les amérindiennes sont donc seules à être les symboles de l'être de l'alliance. Or elles ont été utilisées de façon bestiale. Colomb comprend cela et le dit, même si sa pudeur ne lui permet d'en parler qu'en termes voilés.

Il se rend compte aussi qu'il n'est plus possible de fonder la domination espagnole sur les bases qu'il avait projetées. Si les Amérindiens produisent non pour accumuler mais pour donner, si le pouvoir politique amérindien est l'envers du pouvoir espagnol, si les conceptions des uns sur le rôle des femmes sont l'inverse de celles des autres, la conquête ne peut

---

27. *Ibid.*

28. « Ils avaient pris chacun quatre femmes, outre lesquelles ils prenaient dans la ville les jeunes filles qu'ils voulaient », décrit Guacamari. Cf. Colomb, 2015, *op. cit.*, pp. 319-321.

plus se faire que par la force. Alors, Colomb remet le pouvoir à son frère, qu'il nomme lieutenant général[29]. Bartolomé Colomb est un contremaître pratique, efficace. Il se vantera bientôt du premier génocide sur le Nouveau Monde : d'avoir anéanti les deux tiers de la population de l'île en deux ans.

---

29. « Nomination de don Bartolomé Colón comme lieutenant du gouverneur », (Isabela, le 17 février 1496). *Ibid.*, pp. 415-418.

Le Quiproquo réciproque

Le Quiproquo est réciproque. Colomb a pris les Amérindiens pour des gens semblables à des Chrétiens de Castille : ils ont, « à la différence des Maures, la peau presque aussi blanche que les paysans d'Espagne… »

Le 13 Octobre 1492 :

> « Dès l'aube vinrent à la plage beaucoup de ces hommes, tous jeunes, comme je l'ai déjà dit, et tous de belle allure. Ce sont gens très beaux. [...] aucun d'eux n'est brun foncé mais bien de la couleur des Canariens[30]. »

Il ne cesse de s'émerveiller. Le 13 Décembre :

> « Quant à la beauté, les Chrétiens disaient qu'il n'y avait pas de comparaison possible, aussi bien pour les hommes que pour les femmes, et qu'ils sont plus blancs que ceux des autres îles. Entre autres, ils avaient vu deux jeunes filles aussi blanches que l'on peut l'être en Espagne[31]. »

Dès les premiers jours (12 Novembre), Colomb a observé l'humilité, la douceur et l'étonnante confiance des Amérindiens. Il envisage cela avec le coup d'œil du maître qui jauge la docilité des futurs sujets de Sa Majesté.

> « Parce que je vois et connais, dit l'Amiral, que ces gens ne sont d'aucune secte, ni idolâtres, mais très doux et ignorants de ce qu'est le mal, qu'ils ne savent se tuer les uns les autres, ni s'emprisonner, qu'ils sont sans armes et si craintifs que l'un des nôtres suffit à en faire fuir cent,

---

30. *Ibid.*, p. 120.
31. *Ibid.*, p. 189.

même en jouant avec eux. Ils sont crédules ; ils savent qu'il y a un Dieu dans le ciel et restent persuadés que nous sommes venus de là. Ils sont très prompts à dire quelque prière que nous leur enseignons et font le signe de la croix. Ainsi, Vos Altesses doivent se déterminer à en faire des chrétiens…[32]. »

Mais au fur et à mesure que les Amérindiens se révèlent différents, son sentiment change et sa sympathie se mue en irritation. Le retournement de son impression première est total à son retour en Espagne, peut-être parce qu'il retrouve le contact avec la réalité de ses concitoyens. Ceux qu'il assimilait aux plus parfaits chrétiens deviennent alors le contraire : des "bêtes brutes". Décrivant le phénomène du don à l'Intendant Général de Ses Altesses, Luís de Santangel, dans sa lettre de février-mars 1493, il en donnera une interprétation nouvelle. S'ils donnent, c'est qu'ils ne savent pas ce qu'ils font, qu'ils ne connaissent pas la valeur des choses, et qu'ils sont donc irrationnels comme des animaux.

> « Il est vrai que lorsqu'ils sont rassurés et ont surmonté cette peur, ils sont à un tel point dépourvus d'artifice et si généreux de ce qu'ils possèdent que nul ne le croirait à moins de l'avoir vu. Quoi qu'on leur demande de leurs biens, jamais ils ne disent non ; bien plutôt invitent-ils la personne et lui témoignent-ils tant d'amour qu'ils lui donneraient leur cœur. Que ce soit une chose de valeur ou une chose de peu de prix, quel que soit l'objet qu'on leur donne alors en échange et quoi qu'il vaille, ils sont contents. […]
>
> Jusqu'aux morceaux de cercles cassés des barils qu'ils prenaient en donnant ce qu'ils avaient comme des bêtes brutes[33]. »

---

32. *Ibid.*, pp. 152-153.
33. « Lettre à Luís de Santangel » (février-mars 1493). *Ibid.*, p. 270.

On est loin de la connotation du même récit quelques mois plus tôt (le 25 décembre 1492) : « Ils aiment leur prochain comme eux-mêmes (...)[34]. »

Puisque ces hommes ne savent pas le prix des choses, qu'ils ne les jugent pas en fonction de leur intérêt particulier, et qu'ils n'ont pas encore l'idée de ce que peut être le troc et l'échange en vue d'un gain personnel ou d'un profit, c'est qu'ils n'ont pas d'individualité propre, que leur raison n'est pas arrivée à maturité pour leur donner le sens de la propriété privée. Ils sont donc irrationnels et peuvent être traités sinon comme des animaux, du moins comme des êtres inférieurs.

Les Amérindiens se révèlent différents là où les Espagnols les attendaient semblables ; et cette différence ne sera pas acceptée, elle sera même jugée intolérable, elle deviendra la cause de la question inimaginable dans le premier contact, mais qui prend de plus en plus de poids : sont-ils des hommes ? Il faudra la *Controverse de Valladolid*[35] pour en décider.

Dans sa Lettre à Luís de Santangel, Colomb s'étonnait de ce que chacun bénéficie du don d'autrui et puisse facilement prendre ce qu'il sait être donné libéralement, d'où certaines confusions avec les biens dont les Espagnols s'estiment immédiatement propriétaires exclusifs, et qui, à l'évidence,

---

34. *Ibid.*, p. 212.

35. La *Controverse de Valladolid* est un débat qui opposa le dominicain Bartolomé de Las Casas et le théologien Juan Ginés de Sepúlveda (1550-1551). La question était de savoir si les Espagnols pouvaient coloniser le Nouveau Monde et dominer les Amérindiens, par voie de conquête, c'est-à-dire en mettant fin à leurs modes de vie et à leur civilisation. Ce débat politique et religieux avait pour but de définir officiellement la légitimité ou l'illégitimité de l'esclavage des peuples amérindiens.

sont chez les Amérindiens à la disposition de tous :

> « Je n'ai pu savoir s'ils possèdent des biens privés, mais il m'a semblé comprendre que tous avaient part à ce que l'un d'eux possédait, et spécialement aux vivres[36]. »

Mais lors du deuxième voyage, en 1494, le fait de prendre ce qui est à tous parce que toujours donné – geste qui va de soi pour les indigènes – sera interprété comme un vol.

> « Et comme, en ce voyage que je fis à Cibao, il arriva que quelque Indien dérobe peu ou prou, s'il se trouvait que certains d'entre eux volent, châtiez-les en leur coupant le nez et les oreilles, car ce sont des parties du corps qui ne se peuvent cacher. Ainsi on assurera le rachat des gens de toute l'île en leur donnant à entendre que ce qui a été fait à certains Indiens tenait à ce qu'ils avaient volé, et qu'il sera ordonné de très bien traiter les bons et de punir les mauvais[37]. »

L'émerveillement devant le don généralisé a laissé la place à une interprétation commandée par la logique de l'intérêt : s'ils prennent, ce n'est pas qu'ils reçoivent, c'est qu'ils volent ! Et s'ils volent sans le savoir, voilà qui impose qu'on leur enseigne en quoi consiste le vol de façon claire et publique, et c'est pourquoi on mutilera les Amérindiens déclarés voleurs, du nez et des oreilles, car *ce sont les parties du corps qui ne se peuvent cacher.*

---

36. *Ibid.*, p. 273.
37. « Instructions à Mosen Pedro Margarite » (1494). *Ibid.*, p. 352.

Le Quiproquo Historique chez les Guarani a été édité par Javier Medina dans *Ñande Reko - Comprensión guaraní de la Vida Buena*, La Paz, (2002), 2008.
Il est publié également dans *Teoría de la Reciprocidad*, La Paz, 2003.
En français, il a été mis en ligne par *DIAL - Diffusion de l'Information sur l'Amérique Latine*, en mai-juin 2012.

DEUXIÈME PARTIE

LE QUIPROQUO HISTORIQUE CHEZ LES GUARANI

Le Quiproquo Historique chez les Guarani s'est d'abord institué en termes de parenté. Les Guarani offrent l'hospitalité aux colons – qu'ils appellent "beaux-frères" – en acceptant que ceux-ci prennent femme dans leurs communautés. Le "mariage" implique le service de parenté au bénéfice de l'étranger. Mais les Espagnols traitent les femmes selon d'autres impératifs que ceux de fonder une famille ou une alliance de parenté. Le Quiproquo est alors dévoilé et dénoncé.

Une deuxième chance d'une rencontre pacifique est offerte par les missionnaires franciscains qui créent, dès 1580, les premières *Réductions*[38] guarani.

---

38. Les *Réductions*, construites par les missionnaires catholiques en Amérique latine, du XVIe au XVIIIe siècle, avaient pour but de "regrouper" les populations indigènes pour les soustraire aux razzias des chasseurs d'esclaves, les évangéliser et les "civiliser". Pour Louis Necker, la *Réduction* s'inscrit comme projet politique d'intégration de l'Indien dans le système colonial. Cf. Louis Necker, *Indiens Guarani et Chamanes Franciscains : les Premières Réductions du Paraguay (1580-1800)*, Anthropos, Paris, 1979, p. 57.

Le Quiproquo se reproduit cependant en termes d'économie politique. Les Franciscains *donnent* des haches de fer, ce qui fait d'eux des hommes prestigieux, mais ils transforment la soumission des Guarani en servage des colons, car de leur côté ils doivent *payer* les haches aux colons et leur sont donc redevables. Ainsi, les Franciscains ne remettent pas en cause le système des *encomiendas*[39] mais confortent au contraire leur fonctionnement.

L'Histoire offrira une troisième chance aux Guarani avec l'arrivée des Jésuites qui fondent des Réductions libérées du servage colonial[40] : une civilisation nouvelle et brillante se développe rapidement ; qui sera anéantie lors de l'expulsion des Jésuites en 1767.

---

39. L'*encomienda* était un système d'exploitation des indigènes appliqué dans tout l'Empire colonial espagnol lors de la conquête du Nouveau Monde. Expulsés de leurs terres, des centaines d'Indiens étaient regroupés puis "confiés" (*encomendados*), c'est-à-dire placés sous les ordres d'un *encomendero*, colon espagnol, au profit duquel ils étaient réduits au servage.

40. Les missions Jésuites, dont la particularité était que les Guarani étaient libres, se sont multipliées de 1611 à 1630, abritant des populations allant jusqu'à 140.000 personnes du nord de l'Uruguay au sud-est du Paraguay en passant par le Brésil et l'Argentine.

2. 1. Le Quiproquo politique

Le Quiproquo colonial

En 1500, le Portugais Álvarez Cabral conduit treize navires et douze cents hommes d'équipage sur la route des Indes ouverte par Vasco de Gama, découvre le Brésil, prend symboliquement possession du territoire mais poursuit sa route. Seize années plus tard, l'Espagnol Díaz de Solís explore le Río de la Plata[41].

Ulrich Schmídl[42], lansquenet allemand, participa aux expéditions qui traversent le continent pour atteindre le Pérou. Revenu dans son pays, il dépeint les nations rencontrées, et leur accueil : partout l'hospitalité, partout le don, partout l'alliance :

> « Là-bas sur cette terre, nous avons rencontré des Indiens qui se nomment Querandi, environ trois mille hommes avec leurs femmes et leurs enfants. Et ils nous apportèrent poissons et viandes pour que nous mangions[43]. »

---

41. Ainsi nommé parce que les indigènes aperçus sur les rivages semblent porter des parures d'argent.

42. Ulrich Schmídl, *Viaje al Río de la Plata (1534-1554)*, [1567], Emecé editores, Buenos Aires, 1997 ; (c'est nous qui traduisons).

Les lansquenets étaient des mercenaires, le plus souvent Allemands, opérant du XVe à la fin du XVIe siècle au service des conquistadors. Ulrich Schmídl est avec l'aventurier Hans Staden l'un des rares fantassins à avoir mis par écrit ce qu'il a vécu.

43. *Ibid.*, p. 22.

Il ne s'agit pas d'une hospitalité symbolique, mais d'une hospitalité réelle et inconditionnelle, de surcroît fort onéreuse car les nouveaux venus sont deux mille six cent cinquante ![44]. Les Espagnols doivent donc résoudre au plus tôt le problème de leur approvisionnement en vivres. Lorsque les Indiens ne leur offriront plus l'hospitalité, ils s'empareront de leurs récoltes et s'installeront dans leurs villages :

> « Dieu Tout-Puissant nous permit par son aide de vaincre les Querandi et nous occupâmes l'endroit où ils se trouvaient [...]. Là, nous demeurâmes trois jours : ensuite nous revînmes à notre campement laissant à une centaine d'hommes le soin de garder l'endroit étant donné qu'il y a dans ces parages de bonnes eaux de pêche. De même, nous fîmes pêcher en utilisant les filets des Indiens pour avoir assez de poisson pour nourrir nos gens...[45] »

Les Chrétiens ne s'occupent pas de tirer parti des ressources du pays car ils veulent atteindre le Pérou au plus tôt. Aussi, très vite :

> « La souffrance et les méfaits de la famine furent tels que ne suffirent ni les rats ni les souris, vipères ou autre vermine, jusqu'aux chaussures et les outres, tout dut servir de nourriture[46]. »

Ils en sont même réduits au cannibalisme :

> « D'autres espagnols coupèrent les muscles et d'autres parties du corps des pendus, les emportèrent dans leurs maisons et là les mangèrent. De même, il est arrivé alors qu'un espagnol mangea son propre frère mort[47]. »

---

44. Les Espagnols sont accompagnés de mercenaires Allemands, Néerlandais et Autrichiens.

45. *Ibid.*, p. 25.

46. *Ibid.*, p. 27.

47. *Ibid.*, p. 28.

Si le motif principal de la conquête est l'or, dans l'immédiat c'est pour la nourriture que les Espagnols recherchent l'alliance des Indiens : Pedro de Mendoza, le capitaine, ne parvient plus à nourrir ses gens. Il décide donc d'envoyer trois cent cinquante hommes en amont sur le fleuve Paraná :

> « Et nous naviguâmes en remontant le Paraná à la recherche des Indiens pour trouver des aliments et des provisions. »

Mais l'expédition est un désastre. Les Indiens, en effet, informés du précédent des Querandi, fuient en détruisant leurs villages et leurs récoltes :

> « Mais quand les Indiens nous voyaient, ils fuyaient devant nous et ils nous firent le mauvais tour de brûler et détruire leur nourriture : c'est leur façon de faire la guerre. De cette manière, nous ne trouvâmes rien à manger, ni peu ni prou : à peine nous donnait-on à chacun par jour, trois demies onces de biscuit. Dans ce voyage, mourut de faim la moitié de nos gens[48]. »

Pedro de Mendoza laisse le commandement à Juan de Ayolas :

> « Notre capitaine Juan de Ayolas ordonna que les marins apprêtent huit brigantins et des canots ou bateaux parce qu'il voulait naviguer en remontant le Paraná à la recherche d'une nation qui se nomme Timbú afin d'en obtenir des provisions et nourrir nos gens[49]. »

Les Espagnols abandonnent donc Buenos Aires et remontent le Paraná. Après deux mois de navigation, ils rencontrent les Timbú, qui les reçoivent magnifiquement.

---

48. *Ibid.*, pp. 28-29.
49. *Ibid.*, p. 31.

« Notre capitaine fit alors cadeau à l'Indien principal des Timbú, qui s'appelait Cheraguazu, d'une chemise et d'un bonnet rouge, d'une hache et autres choses de rachat (*rescate*)[50]. Et ce Cheraguazu nous conduisit chez ses gens et ils nous donnèrent viandes et poissons jusqu'à nous rassasier[51]. »

Chez les Timbú, l'hospitalité dura trois ans !

Lorsque la Conquête reprend, ils sont reçus par les Coronda :

« Et ils partagèrent avec nous leur ordinaire de viandes et de poissons, leurs outres et d'autres choses encore[52]. »

Puis les Quiloaza :

« Également nous partageâmes leur nécessaire. »

---

50. *"Rescate"*, terme qui signifie *rachat*. Dans la Relation d'Ulrich Schmídl, on trouve le mot "rescatar" dans des phrases comme celle-ci : « Et nous obtînmes tout ce que nous voulions sans bourse délier avec ces choses de *"rescate"* que nous avions amenées d'Allemagne : ciseaux, haches, aiguilles… », ou encore : *"Como medios de rescate"* ou *"para rescatar"*. Nous pourrions traduire *rescate* comme "monnaie d'échange" mais Schmídl dit bien *sans bourse délier* (sans débourser un sou). Il ne s'agit donc pas de monnaie d'échange. *Rescatar*, d'après le dictionnaire, c'est *racheter*. Or, *acheter* vient de *capturer*. Les biens convoités pourraient être interprétés comme ayant été *capturés* par leurs propriétaires indiens, *raptés* en termes de réciprocité négative, et *rescatar* pourrait être un terme qui fait passer de la réciprocité négative à la réciprocité positive, une *rançon* proposée par le vaincu pour libérer ce que l'autre retient captif. L'Espagnol convertit les biens libérés par sa *rançon* en accumulation dans le système de l'échange. *Rescate, rescatar* est un terme qui illustre linguistiquement le *quiproquo historique*. Ces objets de *rescate* étaient aussi appelés par les Espagnols eux-même des "appâts".

51. *Ibid.*, p. 33.

52. *Ibid.*, p. 37.

Puis les Mocoreta :

> « Les Mocoreta nous reçurent très bien, à leur manière, et
> nous donnèrent la viande et le poisson dont nous eûmes
> besoin durant les quatre jours où nous restâmes avec
> eux[53]. »

Puis les Chána… Mais ils doivent affronter les Mapeni,
sans que Schmídl n'en dise les raisons :

> « Ils nous reçurent avec hostilité – il y avait sur le fleuve
> plus de cinq cents canoës – mais les dits Mapeni ne
> parvinrent pas à grand-chose, et avec nos arquebuses
> nous en blessâmes et tuâmes beaucoup. »[54]

Ils sont bien reçus par les Cure-Magua :

> « Ainsi, les dits Cure-Magua nous donnèrent tout ce qui
> nous était nécessaire et se mirent entièrement à notre
> disposition[55]. »

Mais :

> « […] quand nous arrivâmes chez les Agace, ceux-là se
> mirent sur la défensive et tentèrent de nous combattre
> sans vouloir nous laisser passer[56]. »

Bientôt, ils arrivent chez les Guarani-Cario. Devant leur
ville puissamment fortifiée, *Lambaré*, Juan de Ayolas décide de
s'avancer en ordre de guerre :

> « [Les Cario] enjoignirent à notre capitaine général Juan de
> Ayolas que nous retournions à nos brigantins et qu'ils
> nous pourvoiraient de vivres et de tout ce qui nous était
> nécessaire[57]. »

---

53. *Ibid.*, p. 38.
54. *Ibid.*, p. 40.
55. *Ibid.*, p. 41.
56. *Ibid.*, p. 42.
57. *Ibid.*, p. 45.

Les Indiens n'invitent donc plus les Espagnols dans leur village, bien qu'ils leur offrent toujours des vivres. Cependant, plus haut sur le fleuve, ceux qui n'ont pas encore entendu parler des nouveaux venus rivalisent toujours dans l'assaut des dons :

> « Un jour nous arrivâmes auprès d'une nation qui se nomme elle-même Jerús dont le roi, quand il sut notre arrivée, vint à notre rencontre parcourant un long chemin avec grande majesté et splendeur. Ses musiciens le précédaient et derrière lui marchait une innombrable multitude de gens, tous nus. Ce roi nous reçut très splendidement et ordonna que nous fussions tous hébergés dans certaines maisons, tandis qu'il emmenait notre capitaine avec lui dans sa propre demeure. Il fit rôtir des cerfs et d'autres pièces de gibier pour nous délecter[58]. »

Pourtant, l'hospitalité se transformera en rejet, puis en affrontement. Ulrich Schmídl donne quelques indices de cette évolution, chez les Querandi du Río de la Plata, par exemple :

> « Les susdits Querandi nous apportèrent des aliments chaque jour à notre campement pendant quatorze jours et ils partagèrent avec nous leurs ressources en poissons et viandes, et un seul jour ils ne vinrent pas. Notre capitaine don Pedro de Mendoza envoya donc immédiatement un officier nommé Juan Pavón et avec lui deux soldats à l'endroit où se trouvaient les Indiens [...]. Quand ils arrivèrent où ils étaient, l'officier et les soldats se conduisirent de telle façon que les Indiens les rouèrent de coups puis les laissèrent revenir à notre campement[59]. »

---

58. *Ibid.*, p. 77.
59. *Ibid.*, p. 23.

La façon dont se conduisent les Espagnols provoque donc l'indignation des donateurs, une indignation mesurée, cependant. Aussitôt, les Espagnols réagissent avec une incontestable violence et sans commune mesure avec la mauvaise humeur de leurs hôtes :

> « Quand le dit officier revint au campement, il dit tant et fit tant que le capitaine Don Pedro de Mendoza envoya son frère de sang Don Jorge Mendoza avec trois cents lansquenets et trente cavaliers bien équipés ; je fus moi-même de la partie. Notre capitaine général Don Pedro Mendoza disposa et commanda que son frère Don Diego Mendoza avec nous, tue, détruise et capture les nommés Querandi[60]. »

---

60. *Ibid.*, p. 24.

LA RÉCIPROCITÉ DE PARENTÉ

Les Espagnols, sous la contrainte de la faim, ne considèrent-ils pas que ce qui leur est offert leur est dû ? Faute d'entrer dans l'intelligence de la réciprocité, ils interprètent le don comme la reconnaissance d'une supériorité naturelle. Aussi, prennent-ils avant même que leur soit donné ce qu'ils convoitent. Ulrich Schmídl le précise en une autre occasion :

> « Le plus illustre des Paiyone s'approcha de nous pacifiquement avec ses gens et demanda à notre capitaine que nous n'entrions pas dans son village, mais qu'il reste où il était. Mais ni notre capitaine ni nous-mêmes ne voulûmes faire ainsi, mais au contraire marcher directement jusqu'au village, que cela plaise ou non aux Indiens. Là, nous trouvâmes des viandes en abondance car il y avait poules, oies, cerfs, brebis, autruches, perroquets et lapins[61]. »

Lorsque, au contraire, les Indiens Mapeni ou les Agace affrontèrent les Espagnols, il se peut qu'ils aient été surpris sur le fleuve au cours d'un de leurs raids guerriers contre leurs ennemis, ou qu'ils aient refusé de reconnaître aux Espagnols la supériorité dont ils se targuaient après qu'ils eussent été avisés de leur comportement. Mais Schmídl ajoute une autre explication lorsqu'il relate la rencontre des Cario :

> « Ils [Les Indiens Cario] enjoignirent à notre capitaine général Juan de Ayolas que nous retournions à nos brigantins et qu'ils nous pourvoiraient de vivres et de tout

---

61. *Ibid.*, p. 107.

ce dont nous avions besoin, si nous nous écartions de là, et que sinon ils seraient nos ennemis. Mais nous et notre capitaine général Juan de Ayolas ne voulûmes pas retourner en arrière, étant donné que les gens et la terre nous paraissaient tout à fait convenir, spécialement la nourriture, car en quatre années nous n'avions pas mangé de pain et nous nous étions nourris seulement de viandes et de poissons [...]. Nous fîmes donner nos arquebuses, et quand ils les entendirent et qu'ils virent que leurs gens tombaient mais qu'ils ne virent ni balle ni flèche aucune mais seulement un trou dans les corps, ils ne purent résister et s'enfuirent, tombant les uns sur les autres ainsi que les chiens, pendant qu'ils fuyaient jusqu'à leur village[62]. »

Les Indiens résisteront au siège de leur village pendant deux jours.

« Mais quand les dits Cario virent qu'ils ne pouvaient le supporter davantage et qu'ils eurent peur pour leurs femmes et leurs enfants car ils les avaient à leur côté, ils vinrent et demandèrent grâce et s'engagèrent à faire tout ce que nous voudrions. [...] De même ils amenèrent et offrirent à notre capitaine Juan de Ayolas six petites jeunes filles, la plus grande d'environ dix-huit ans ; de même ils lui firent cadeau de sept cerfs et d'autres pièces de gibier. Ils demandèrent que nous restions avec eux et firent cadeau à chaque homme de guerre de deux femmes, pour qu'elles nous soignent, fassent la cuisine, lavent et s'occupent de nos affaires et de tout ce qui pourrait nous manquer. De même, ils nous donnèrent de la nourriture, de celle dont nous avions bien besoin en cette occasion. C'est comme cela que les Cario firent la paix[63]. »

---

62. *Ibid.*, p. 45.
63. *Ibid.*, p. 46.

Les Cario ont donc d'abord proposé aux Espagnols de les pourvoir de tout le nécessaire, mais à la condition qu'ils restent à distance de leur village. La première observation de Schmídl : *nous ne voulûmes pas revenir en arrière car les gens et la terre nous paraissaient tout à fait convenir, spécialement la nourriture*, confirme que les Espagnols prennent et n'entrent pas dans une relation de dons mutuels. Mais puisque les Cario leur offrent tout ce qu'ils désirent, à condition qu'ils demeurent dans leurs vaisseaux ou tout au moins hors des villages, pourquoi veulent-ils s'emparer des maisonnées ? Ce n'est pas seulement la faim qui fouaille les entrailles des Espagnols. Les conditions de la paix avec les Cario sont éclairantes : deux femmes par homme de guerre. Schmídl s'appesantit avec concupiscence :

> « À notre capitaine Juan de Ayolas, ils offrirent six petites jeunes filles, la plus grande de dix-huit ans ».

Sur l'hospitalité de parenté, il s'exprime ailleurs avec plus de pudeur. Il recommande même à ses lecteurs qui voudraient en savoir davantage de faire le voyage en Amérique !

> « Ces femmes [il s'agit des Mbaya] restent à la maison et ne vont pas travailler dans les champs car c'est l'homme qui cherche la nourriture ; elles filent et tissent le coton, préparent la nourriture et donnent son plaisir à leur mari et aux amis de celui-ci qui le demandent ; sur ce point je n'ai rien à dire de plus pour l'instant. Qui ne le croit pas ou qui veut en savoir davantage, qu'il fasse le voyage[64]. »

Parlant des Jerús, il note :

> « Les femmes sont belles à leur manière et vont complètement nues. Elles pêchent, le cas échéant, mais je

---

64. *Ibid.*, p. 103.

ne veux pas parler trop de cela cette fois[65]. »

Les Espagnols ne sont restés qu'un seul jour dans cette communauté des Jerús. C'est dire que la réciprocité de parenté est immédiate et généralisée. Lorsqu'ils sont reçus le lendemain par le roi des Jerús, Schmídl précise :

> « Ces femmes sont très belles, grandes amantes, affectueuses et de corps ardent, selon ce qu'il m'en semble[66]. »

D'autre part, la réciprocité de parenté est manifestement une initiative indienne qui s'inscrit dans les règles de l'hospitalité :

> « Quand nous étions à une lieue de cette localité vint à notre rencontre le roi des Jerús lui-même, avec douze mille hommes plutôt plus que moins, et ils nous attendirent pacifiquement sur une plaine. Et le chemin sur lequel nous allions était d'une largeur comme de huit pas, et sur ce chemin il n'y avait ni paille ni brindille ni pierre mais il était couvert de fleurs et d'herbes, et ainsi jusqu'à l'arrivée dans la bourgade. Le roi avait sa musique qui est comme celle des seigneurs en Allemagne. De même le roi avait ordonné que des deux côtés du chemin, on chasse des cerfs et d'autres animaux sauvages, de telle façon qu'ils avaient chassé autour de trente cerfs et vingt autruches ou nandous, chose qui méritait la peine d'être vue[67]. »

On devine ainsi ce qui se passe depuis Buenos Aires : les Espagnols, qui sont sans femmes, veulent entrer dans les villages pour profiter de la relation de parenté. Les Indiens les reçoivent avec le "don des vivres" et la réciprocité de parenté

---

65. *Ibid.*, p. 77.
66. *Ibid.*, p. 79.
67. *Ibid.*, p. 78.

qui signifie que les étrangers sont intégrés dans leur société comme beaux-frères – ce qui leur donne immédiatement droit aux filles indiennes comme épouses. Celles-ci s'accordent d'elles-mêmes pour cette alliance, ou bien encore elles peuvent être offertes par les autorités[68]. La réciprocité de parenté est une alliance matrimoniale non seulement individuelle mais de communauté à communauté.

Ignorant le sens des relations de parenté indiennes, les Espagnols ne traitent pas les femmes comme des épouses mais les utilisent pour leur plaisir, les abandonnent ensuite ou les échangent selon leurs besoins, comme l'atteste cet incroyable aveu de Schmídl :

> « De même, ils [les Mbaya] offrirent à notre capitaine trois belles jeunes femmes […]. Vers le milieu de la nuit, quand tout le monde se reposait, notre capitaine perdit ses trois jeunes filles ; peut-être parce qu'il ne put les satisfaire toutes les trois ensemble parce que c'était déjà un homme de soixante ans et il était vieux. Si, au lieu de cela, il avait laissé ces jeunesses entre les mains des soldats, il est sûr qu'elles ne se seraient pas échappées. En définitive, ce fut un beau scandale dans le campement...[69] ».

Voilà pourquoi les femmes indiennes s'enfuient et pourquoi les Indiens veulent bien nourrir l'étranger mais à la condition qu'il reste hors les murs : c'est parce qu'il est

---

68. Lors de mon séjour dans un campement Ayoreo du Chaco bolivien, en 1993, des jeunes femmes se présentèrent, moins de quatre heures après mon arrivée, avec cette parole : « Étranger, si tu es venu vivre chez nous, choisis ta compagne ». Le campement n'avait que huit familles, et sept jeunes filles seulement pouvaient se présenter comme futures épouses. Les compagnons de Schmídl étaient environ cinq cents et leurs hôtes, les Jerús, d'après son estimation, douze mille hommes.

69. *Ibid.*, p. 104.

incapable de saisir le sens de la réciprocité de parenté, de se conduire comme "beau-frère" alors qu'il est honoré de ce titre, quand bien même il ne peut être accompagné de filles ou de sœurs qui puissent épouser les Guarani.

L'ESCLAVAGE OU LE GÉNOCIDE

Les jeunes filles ne sont pas les seuls objets de convoitise des soldats, les mères et leurs enfants deviennent à leur tour leur proie. Lorsqu'à lieu l'affrontement avec les Agace :

> « Ils avaient fait fuir femmes et enfants et les avaient cachés de telle manière que nous ne pûmes les leur enlever...[70]. »

Schmídl révèle que les Agace étaient informés des exigences des colons, car sinon ils n'auraient pu prévenir leur attaque, mais aussi que les enfants et les femmes sont devenus un enjeu entre les deux protagonistes :

> « Mais quand ils virent qu'ils ne pourraient soutenir [le siège] plus longtemps et qu'ils eurent peur pour leurs femmes et enfants, car ils les avaient à leur côté, les dits Cario vinrent et demandèrent grâce[71]. »

Pour les Cario, il s'agit de sauver les femmes. Pour les Espagnols, la raison de cet enjeu apparaît plus nettement lorsque Schmídl raconte la première rébellion du chef Tabaré :

> « Nous campâmes là-bas durant trois jours et le quatrième, peu avant qu'il fasse jour, nous donnâmes l'assaut et y entrâmes et nous tuâmes tous ceux que nous rencontrâmes et capturâmes beaucoup de leurs femmes, ce qui nous fut une grande aide[72]. »

---

70. *Ibid.*, p. 42.
71. *Ibid.*, p. 46.
72. *Ibid.*, p. 69.

Quelle aide ? Lorsqu'il relate la seconde rébellion (1546), Schmídl précise :

> « Avant d'attaquer, notre capitaine ordonna que nous ne tuions pas les femmes et les enfants mais que nous les capturions ; nous accomplîmes l'ordre et il en fut ainsi : nous capturâmes les femmes et leurs enfants et tuâmes seulement les hommes que nous pûmes tuer […]. Après que tout cela fût arrivé, Tabaré et d'autres autorités des Cario vinrent au campement et demandèrent grâce à notre capitaine, priant qu'on leur rende leurs femmes et fils[73]. »

Il s'agit donc de mettre à merci les Indiens en prenant femmes et enfants en otage. Schmídl ajoute que ce qu'il appelle "l'alliance militaire" est en réalité obtenue par chantage sous la menace de l'extermination :

> « Nous fîmes donc une alliance avec les Cario à la condition qu'ils veuillent marcher avec nous contre les Agace et les combattre[74]. »

Quant à ceux dont on n'espère pas la soumission, ils sont exterminés :

> « Et nous marchâmes par eau et par terre, environ trente lieux, jusque là où vivent les Agace dont vous avez su déjà comment ils nous avaient traités. Nous les trouvâmes dans le même endroit où nous les avions précédemment laissés. Entre trois heures et quatre heures du matin, alors qu'ils dormaient dans leurs maisons sans qu'ils ne se doutent de rien, grâce au fait que les Cario les avaient épiés, nous mîmes à mort les hommes, les femmes et de même les enfants. Les Cario sont un peuple ainsi qui tue autant d'ennemis qu'ils en rencontrent, sans avoir de

---

73. *Ibid.*, pp. 99-100.
74. *Ibid.*, p. 47.

compassion pour aucun être humain[75]. »

Apparemment, ce sont les Cario qui exécutent les Agace, tout autant que les Chrétiens qui les commandent. Il n'est pas donné ici d'autres précisions. Mais lors de la révolte des Cario, le génocide est plus clairement assumé par les Espagnols :

> « Quand tout fut prêt, entre deux heures et trois heures, nous attaquâmes les Cario. Avant que trois heures aient sonné, nous avions déjà détruit et gagné les trois palissades et nous entrâmes dans le village et nous tuâmes quantité de gens, hommes, femmes et enfants[76]. »

Lorsque la prise d'otage n'est pas nécessaire, les Espagnols exterminent toujours femmes et enfants. Chez les Mbaya :

> « Le troisième jour, nous rencontrâmes un groupe de Mbaya, hommes, femmes et enfants, réunis dans un bois. Ils ne savaient même pas que nous étions là, car ils n'étaient pas les Mbaya qui nous avaient combattus, mais d'autres qui avaient fui. On dit que, souvent, le juste paye pour le pécheur ; il en fut ainsi cette fois, car dans ce combat moururent ou restèrent prisonniers plus de trois milles entre hommes, femmes et enfants [...]. Là, je conquis pour moi, en tant que butin, dix-neuf personnes, hommes et jeunes femmes[77]. »

Arrivés dans une région qui est aujourd'hui la Bolivie, les Chrétiens ont la surprise de rencontrer des Indiens qui parlent déjà leur langue, et qui leur apprennent que le pays de l'or est aux mains de Francisco Pizarro. Ils reviennent donc chez les Corocotoqui, qui les avaient reçus avec crainte, mais dont Schmídl avait décrit la bonne volonté :

---

75. *Ibid.*, pp. 47-48.
76. *Ibid.*, p. 95.
77. *Ibid.*, p. 105.

<blockquote>
« Quand ils nous virent tous réunis, ils montrèrent de la bonne volonté. Ils ne pouvaient faire autre chose car ils avaient peur pour leurs femmes, leurs fils et leur village. Ils nous apportèrent donc beaucoup de viandes de cerf, des oies, poules, brebis, autruches, tapirs, lapins et toute autre qualité de gibier, tellement que je ne peux le décrire. De même, ils nous apportèrent du blé turc et des tubercules, de ceux dont il y a là-bas en grande abondance[78]. »
</blockquote>

En dépit de cette "bonne volonté", les Corocotoqui sont exterminés, enfants inclus :

<blockquote>
« Alors nous revînmes au village des Corocotoqui. Quand nous y arrivâmes, ces derniers nous avaient fuis avec leurs femmes et leurs enfants, parce qu'ils craignaient que nous leur fussions à charge et que nous leur fissions du mal. Quand nous arrivâmes à une demi-lieue de l'endroit où les dits Corocotoqui se trouvaient, nous vîmes qu'ils avaient fait leur campement entre deux collines boisées sur leurs versants afin de pouvoir fuir par là s'il arrivait que nous les mettions en déroute. Mais les collines ne leur servirent pas à grand-chose ; ceux qui n'y laissèrent pas leur peau restèrent nos esclaves. Dans cette seule escarmouche, nous gagnâmes un millier d'esclaves, mis-à-part les hommes, les femmes et les enfants que nous tuâmes[79]. »
</blockquote>

L'alternative est claire : esclavage ou génocide, entre les deux, chantage aux otages. Génocide et non pas extermination des ennemis car ce ne sont pas seulement les ennemis qui sont détruits sans rémission mais tous les Indiens, qu'ils soient amis ou ennemis, et pour la seule raison qu'ils sont Indiens.

---

78. *Ibid.*, p. 115.
79. *Ibid.*, pp. 122-123.

Lors d'une autre expédition sur le fleuve Paraguay, les Chrétiens rencontrent les Indiens Surucusi :

> « Ils nous traitèrent très bien. Les hommes portent suspendu à l'oreille un petit disque rond en bois de la taille d'une pièce de jeu de dames ; les femmes portent une pierre de cristal gris dans la lèvre, de la taille en longueur et grosseur d'un doigt. Les Surucusi vivent très normalement, chacun avec ses femmes et enfants. Les femmes sont très belles et ne se rasent aucune partie du corps, allant nues comme leur mère les a mises au monde. Ils ont du maïs, du manioc, du *mani*, patates et autres racines, poissons et viandes, tout en abondance. Nous demeurâmes parmi eux quatorze jours[80]. »

Les Surucusi nouent une relation d'alliance et même d'amitié avec les nouveaux venus. Cependant, l'expédition commandée par Álvar Núñez Cabeza de Vaca[81] s'enlise bientôt dans les marais. Cabeza de Vaca décide de revenir à Asunción. Mais :

> « Quand les vaisseaux furent prêts, notre capitaine général envoya quatre brigantins avec cent cinquante hommes et deux milles Cario jusqu'à une île située à environ quatre lieux de chemin de là où nous étions, et lorsque nous arriverions à cette île, nous devions tuer et capturer les Surucusi, tuant tous les hommes adultes. Nous obéîmes à l'ordre de notre capitaine et fîmes ainsi ; quand je vous ai parlé précédemment des Surucusi, vous avez vu comment ils nous avaient reçus, et à présent vous voyez comment nous leur disions merci[82]. »

---

80. *Ibid.*, p. 72.

81. Gouverneur du *Río de la Plata* : fleuve frontalier entre l'actuelle Argentine et l'Uruguay.

82. Schmídl, *op. cit.*, p. 87.

Schmídl en éprouve une gêne :

« Ce fut une mauvaise action ».

Est-ce le fait de tuer des amis et des hôtes qui est la mauvaise action à ses yeux ou les conditions dans lesquelles fut perpétré le crime ; car si l'ordre de génocide et d'esclavage vint d'en haut, les exécutants décidèrent de ses conditions, qui sont également abominables :

> « Quand nous arrivâmes auprès des Surucusi avec tous nos gens, ils sortirent sans prévention de leurs maisons et s'approchèrent de nous sans armes, sans arcs ni flèches, de façon pacifique. Sur ces entrefaites, une discussion commença entre Surucusi et Cario. Quand nous l'entendîmes, nous fîmes donner nos arquebuses, en tuâmes autant que nous en rencontrâmes et en capturâmes environ deux mille entre hommes, femmes, jeunes et gosses, puis nous brûlâmes leur place et prîmes tout ce qu'il y avait là, comme vous pouvez imaginer que cela se produit toujours en pareille occasion[83]. »

Si génocide et esclavage sont inscrits dans la conscience des conquistadors, ils le sont aussi dans la pratique de chacun des soldats qui ne combattent pas un ennemi pour un idéal ou une cause, fût-elle injuste, mais pour se procurer des esclaves et tuer ceux qui ne peuvent être réduits en esclavage. Les conditions du meurtre ne respectent aucune loi de la guerre ni même aucune morale. Le souci des Espagnols, et de tous les Espagnols, est l'efficacité dans l'instauration d'un ordre social dont ils sont les seuls bénéficiaires.

Reçus de façon triomphale sur des chemins de fleurs, entre des haies de victuailles, honorés de musiciens et de danseurs : « Quand nous voyions danser ces femmes, nous en

---

83. *Ibid.*, p. 87.

restions la bouche ouverte[84] », traités comme des fiancés ou de jeunes époux selon les rites indiens… cette célébration de l'étranger comme bienvenue a pour réponse :

> « Ce voyage [de retour] dura un an et demi et nous fûmes constamment en train de guerroyer durant tout le voyage, et en chemin nous gagnâmes environ douze mille esclaves entre hommes, femmes et enfants[85]. »

Schmídl témoigne que les Espagnols furent invités immédiatement comme beaux-frères ou neveux, mais que cette relation ne fut pas comprise comme réciprocité de parenté ; qu'ils reçurent vivres et valeurs de prestige, mais que cette redistribution ne fut pas entendue comme impliquant un devoir de réciprocité. Enfin, qu'ils bénéficièrent de protection et d'alliance militaire, mais qu'ils voulaient seulement des esclaves, des guides et des mercenaires. À l'hospitalité, à la fête, à l'invitation, à la réciprocité indienne, répondit le vol des vivres, l'occupation du territoire et des villages, l'abus des femmes et, en définitive, l'alternative de l'esclavage et du génocide.

---

84. *Ibid.*, p. 79.
85. *Ibid.*, p. 123.

L'ANTHROPOPHAGIE RITUELLE

Il n'est pas jusqu'au cannibalisme, que l'on impute aux Indiens pour les qualifier de primitifs, qui ne soit le fait des mercenaires. Car si les Indiens festoient à l'occasion du sacrifice de leurs prisonniers ou emportent les têtes des vaincus, ce n'est point pour satisfaire des besoins physiologiques mais pour accomplir les rites de la "réciprocité négative" : hors de la réciprocité, pas de reconnaissance mutuelle comme appartenant les uns et les autres à l'humanité, la guerre serait totale et l'homme ne se distinguerait pas des bêtes féroces. Mais le propre de l'humanité, qui fait référence pour les uns comme pour les autres, est célébré dans les rites de communion de l'anthropophagie[86].

Ce n'est pas à Ulrich Schmídl qu'il faut demander de conter les us et coutumes des Amérindiens concernant la réciprocité négative, mais à un autre allemand, Hans Staden, prisonnier des Tupinambá en 1554[87]. Toutefois, Schmídl raconte :

> « Lorsque ces Cario font la guerre contre leurs ennemis, alors ils engraissent leurs prisonniers, qu'il soit homme ou femme, qu'il soit jeune ou vieux ou enfant, comme on engraisse un cochon en Allemagne ; mais si la femme est

---

86. Cf. Bartomeu Melià & Dominique Temple, *El don, la venganza y otras formas de economía guaraní*, Centro de Estudios Paraguayos, Asunción, 2004. Version française : *La réciprocité négative. Les Tupinamba*, Collection *réciprocité*, n° 5, 2017.

87. Hans Staden, *Warhaftig Historia und beschreibung tekoeyner Landtschafft der Wilden* [1557]. Trad. fr. *Nus, féroces et anthropophages*, Métailié, Paris, 2005. Lire à ce sujet Melià & Temple (2017).

belle, ils la gardent un, deux ou trois ans. Quand ils sont lassés d'elle, alors ils la tuent et la mangent, et ils font une grande fête, avec un banquet comme pour un mariage en Allemagne ; si c'est un vieil homme ou une vieille femme, ils les font travailler, celui-ci la terre, et celle-là à préparer la nourriture pour son maître...[88] ».

Schmídl ne s'étonne pas que ces prisonniers destinés au sacrifice ne s'échappent pas durant ces quelques années de répit. Mais il observe que le sacrifice est lié à une fête comparable à un "mariage allemand". Ce sont effectivement des noces qui se préparent, des noces sacrificielles pour fonder la religion et engendrer pour tous les hommes – ennemis ou amis – une référence spirituelle commune, un sacrifice dans lequel n'est pas encore substitué à l'homme l'animal, mais qui n'en est pas moins aux antipodes du cannibalisme espagnol.

Si la tuerie était l'objet des guerres indiennes, les guerriers s'embarrasseraient-ils des armes que décrit Schmídl, et de couper et d'emporter les têtes ennemies sur le champ de bataille ?

> « Leurs armes sont des lances longues comme une demi-flèche bien que pas si grosses qui à la pointe portent un tranchant de silex. Ils portent aussi à la ceinture un bâton qui se termine en massue. Chacun porte en plus un certain nombre, dix, douze, de petits bâtons d'une main de longueur, qui portent à leur pointe une dent d'un poisson semblable à la Tanche et qu'en espagnol on appelle *palomete*. Cette dent coupe comme un rasoir. Voyez à présent ce qu'ils font avec ces petits bâtons. D'abord ils se battent avec leurs lances et quand ils ont vaincu leurs ennemis et les ont mis en fuite, ils laissent leurs lances et courent après leurs ennemis jusqu'à les rejoindre, et alors

---

88. Schmídl, *op. cit.*, pp. 43-44.

ils les font tomber avec un coup de leur massue. Si celui-ci est mort ou à moitié mort, ce qui revient au même, avec la dite dent de poisson ils lui coupent la tête ; et ensuite, ils vont la garder à leur ceinturon ou ce qu'ils ont autour du corps. Ces Indiens coupent les têtes avec une rapidité incroyable. [...] Quand la bataille est terminée et qu'ils ont donc du temps, de jour ou de nuit, l'Indien prend la tête et l'écorche en coupant la peau autour du front et des oreilles. Ils détachent la peau avec les cheveux et tout le reste, puis la dessèche avec précaution. Quand celle-ci est sèche ils la mettent sur un bâton, à la porte de leur maison comme souvenir ; tout comme ici, en cette terre, c'est la coutume que les capitaines et autres guerriers mettent leurs bannières dans l'église. C'est dans le même esprit que ces Indiens gardent la peau en question[89]. »

L'avidité des Indiens Yapiru et Guatata pour les têtes de l'ennemi, Schmídl la décrit avec force, mais le même récit témoigne que cette avidité n'a pas pour objectif de s'emparer du bien d'autrui, ni de tuer pour tuer. Les Indiens ne cherchent pas l'anéantissement des autres, ni même à leur prendre quoi que ce soit. Ils sont armés pour prendre l'avantage, assommer l'adversaire, le faire prisonnier ou prendre sa tête.

Ulrich Schmídl, avec un certain bonheur, reconnaît la signification des têtes réduites : la renommée. Les têtes sont comme des *bannières*. Et sa perception est juste lorsqu'il ajoute : « comme les bannières que nos capitaines vont mettre dans les églises ». La dimension religieuse du rituel indien ne lui a pas échappé. La renommée en question n'est pas seulement celle du courage, elle est celle d'une élévation spirituelle de nature religieuse.

---

89. *Ibid.*, p. 92.

Comment des bannières tachées de sang ou les têtes de l'adversaire peuvent-elles devenir des symboles de la grâce divine ?

La question met en jeu la mort plus que le meurtre. La mort subie est intimement liée au meurtre donné. Mais Schmídl ne perçoit pas que le rituel guerrier indien est tout entier axé sur l'alternance des vengeances ou des raids, et qu'il est tributaire de la réciprocité. Aussi, malgré sa prodigieuse intuition, n'entrera-t-il pas dans l'intelligence des peuples Guarani.

La tête de l'ennemi est le réceptacle de l'esprit, en l'occurrence, pour les guerriers, de l'esprit de la vengeance, et lorsque le vainqueur maîtrise cet esprit, grâce à des rites chamaniques, il est assuré de l'immortalité de l'âme et de la paix spirituelle[90]. Les têtes étaient portées sur les remparts des villages comme autant de signaux concernant cette invincibilité de la vie surnaturelle. On comprend alors l'avidité des Indiens pour recueillir les têtes sur les champs de bataille. Cependant, l'idée que le génocide pourrait être imputé à cette avidité des Indiens, interprétée comme impassibilité affective, n'a pas de sens. Une fois accompli le raid de vengeance, les Indiens doivent attendre la réciproque, et sont donc complètement étrangers à l'idée d'anéantir l'ennemi.

Schmídl précise que la détermination des Indiens et leur impassibilité concerne le meurtre de ceux-là seuls qui sont désignés comme ennemis. Et cette impassibilité n'est pas à mettre au compte d'une nature indienne mais tout au contraire d'une obligation d'ordre éthique. Le meurtre des

---

90. Dominique Temple & Mireille Chabal, « La réciprocité négative chez les Jivaros », dans *La réciprocité et la naissance des valeurs humaines*, L'harmattan, Paris, 1995.

ennemis est programmé par le *principe de réciprocité,* de façon indépendante de la qualité de l'ennemi, femme, enfant... y compris lorsque l'enfant est celui d'une femme de sa propre communauté (enfants des prisonniers) ou adopté et particulièrement aimé de ses parents d'adoption ; et, selon Staden qui observa la cérémonie, ce n'est pas sans larmes que ceux-ci consentaient à leur sacrifice.

Le système de parenté guarani

Si nous résumons l'information de Schmídl, ce que veulent d'abord les Espagnols ce sont des vivres, puis des informateurs sur les moyens de traverser le continent, enfin des alliés pour affronter les populations guerrières qui leur barrent la route du Pérou. Leur quête fondamentale, c'est la richesse, l'or ou l'argent :

> « Le roi demanda alors à notre capitaine quels étaient ses désirs et ses intentions, à quoi celui-ci répondit qu'il désirait trouver de l'or et de l'argent. Le roi des Jerús lui donna alors une couronne d'argent qui pesait un marc et demi et aussi une petite plaque d'or d'une main et demie de long et large d'une demie-main. il lui donna encore un bracelet et d'autres choses en argent. Le roi des Jerús dit, alors, à notre capitaine qu'il n'avait pas d'autre or ou argent[91]. »

Or, chez les Guarani, l'alliance politique et militaire, ainsi que la redistribution des vivres et des richesses, est liée au système de parenté – système de parenté qui repose sur la réciprocité d'alliance matrimoniale, que l'on a coutume de nommer, dans la terminologie occidentale, "l'échange des femmes"[92] ; un langage de parenté qui dicte à chacun son

---

91. Schmídl, *op. cit.*, pp. 79-80.

92. Lévi-Strauss a pensé les relations de parenté des communautés de réciprocité comme des *échanges* de femmes, et ce terme laisse entendre que les femmes peuvent être traitées, dans ces communautés, comme des objets ; elles ne seraient pas parties prenantes des structures de réciprocité au même titre que les hommes, elles ne seraient que l'objet sur lequel porteraient ces relations de réciprocité, qui s'établiraient d'abord entre clans, entre familles, selon le désir des hommes. Lévi-Strauss a défendu, dans le début de sa thèse, l'idée que

statut social et qui règle les devoirs et services, y compris la redistribution des biens. Et puisque les Espagnols sont sans femmes et demandeurs de femmes, c'est au travers du système de parenté guarani que s'est nouée la première alliance entre les uns et les autres...

l'échange intéressé était le facteur déterminant des structures de parenté. L'argument prévalait que les hommes, pouvant imposer leur volonté aux femmes, avaient dû traiter directement entre eux de leur redistribution en fonction de leurs intérêts. La réciprocité n'est dans cet esprit qu'une modalité de l'échange. Elle se réduit à une règle de calcul économique qui en s'imposant à tous supprime les excès de la concurrence. Mais aussitôt Lévi-Strauss a montré que l'essentiel n'était pas que la femme soit réifiée comme objet (d'échange ou de don), mais qu'elle soit marquée du signe de l'altérité dans une structure de réciprocité. La femme reçoit une attribution dans un réseau de relations où chacun femme, enfant, homme acquiert son statut, son rôle, en termes de relations de réciprocité. Lévi-Strauss accorde la priorité à la structure de réciprocité entre les hommes sur le fait que c'est l'homme qui fixerait leur place aux femmes en s'appropriant la parole. L'acquisition de la patrilinéarité peut être en effet le signe d'un progrès de la fonction symbolique : le signifiant maternel perdrait son rôle prépondérant (parce que tributaire de la nature) à partir du moment où la société pourrait produire elle-même les ressources nécessaires à la vie. La réciprocité économique viendrait relayer le don de la vie biologique, et cette autonomie de l'homme par le travail se traduirait par celle de l'autorité du *nom* et de la *parole*. « *Il est vrai que dans les sociétés où le pouvoir politique prend le pas sur les autres formes d'organisation, on ne peut laisser subsister la dualité qui résulterait du caractère masculin de l'autorité politique et du caractère matrilinéaire de la filiation. Des sociétés atteignant le stade de l'organisation politique ont donc tendance à généraliser le droit paternel, mais c'est que l'autorité politique ou simplement sociale appartient toujours aux hommes* ». Lévi-Strauss, *Les structures élémentaires de la parenté*, Mouton, Paris [1947], 1967, p. 136.

Dans le système de parenté guarani, la filiation est patrilinéaire et le mariage prescrit entre cousins croisés, avec préférence pour la fille de l'oncle maternel[93].

Néanmoins, l'objet du discours n'est pas l'appropriation des femmes pour une quelconque jouissance, mais la restauration toujours et partout des structures sociales où tous soient assurés de participer de la communauté et de l'humanité. La terminologie conservée, *échange restreint, échange généralisé*, ne met pas précisément en relief cette précision. Bien au contraire, pour Lévi-Strauss, si la femme devient un signe, le signe lui-même doit être rapporté à l'échange. Avant d'être des signes, les mots comme les femmes étaient des valeurs, dit-il, que l'on échangeait entre soi. Lévi-Strauss instaure ainsi le primat de l'échange et propose de faire de la réciprocité l'application d'une faculté psychologique innée chez l'être humain (qu'il appelle le principe d'opposition). La psychanalyse contemporaine suggère au contraire que la relation fondatrice des structures de parenté soit une relation inter-subjective où l'homme et la femme participent à égalité même lorsque la représentation de l'être, créé socialement par cette relation, est exprimée dans le discours politique principalement par l'homme. Cf. Francis Martens « À propos de l'oncle maternel », *L'Homme*, vol. XV, n° 3-4, 1975, pp. 155-175.

93. Il est probable que dans les communautés d'origine, la filiation biologique ait été le premier signifiant utilisé pour nommer le fruit de l'*alliance*. On peut imaginer qu'aussitôt un deuxième signifiant entre en jeu pour équilibrer cet avantage maternel, celui de la résidence (alors patrilocale). Mais chez les Guarani, les rôles sont inversés puisque la filiation est patrilinéaire et la résidence matrilocale. Le système de parenté guarani est des plus simples (mariage préférentiel entre cousins croisés et tendance matrilatérale), mais il n'est peut-être pas primitif.

L'importance que les Guarani donnent à la parole comme fondement de l'humanité, et le fait que cette parole soit l'expression politique dévolue aux hommes, semble bien indiquer une longue

Cependant un autre principe concurrence ce mariage matrilatéral. Les diverses familles apparentées se regroupent autour d'un homme – le *mburuvicha* – plus prestigieux que les autres "principaux" (les *tubicha*), que les Espagnols appelleront indistinctement "caciques"[94].

------

tradition où le système de parenté s'est lui-même conformé à l'histoire du symbolique. Les Guarani définissent les hommes comme des êtres-paroles, des âmes-paroles. Un homme accompli est celui qui est habité, animé par un hymne, une parole originelle. León Cadogan a même établi que, pour les Guarani, la parole est la part de la divinité de l'homme. Ainsi, raconte-t-il : « *Avant de m'être convaincu de cette synonymie, je posai la question suivante à deux mburuvicha des plus compétents : Kachirito et le Cacique Pablo Vera : – Si tu étais en train de parler des chapitres sacrés et que tes petits enfants te demandaient la signification de "Ayvu Rapyta", que répondrais-tu ? Kachirito répondit : – "Le fondement du langage humain, le créa notre Premier Père et il fit qu'il fasse partie de sa divinité comme moelle de l'âme-parole". Et le Cacique Pablo Vera répondit : – "Le fondement du langage humain est la parole-âme originaire, celle que nos premiers Pères répartirent à leurs nombreux fils lorsqu'ils les envoyèrent sur la terre pour s'y manifester"* ». León Cadogan, *Ayvu Rapyta. Textos míticos de los Mbyá-Guaraní del Guairá*, Universidade de São Paulo, Boletim n° 227, Antropologia n° 5, São Paulo, 1959, p. 23.

Pour le clan maternel, il reste à donner la vie et à surenchérir sur ce don de vie par sa générosité : c'est le "don des vivres". Il en résulte ce que l'on désigne comme inféodation des services du clan maternel aux objectifs politiques du clan paternel : le service de parenté.

94. Terme emprunté aux Indiens Taïno dès le début de la Conquête pour désigner le chef d'une tribu des Caraïbes, il sera repris ensuite par les différents chroniqueurs du XVIe siècle pour désigner toute forme d'autorité principale.

Les hommes les plus prestigieux parce que les plus grands donateurs – et qui sont également de grands guerriers – sont très prisés en termes d'alliance.

> « Dans certaines contrées indigènes, le chef était facile à distinguer : c'était le plus pauvre. S'il avait plus et recevait plus, c'était pour pouvoir donner plus ; et il donnait jusqu'à ce qui lui était même le plus nécessaire[95]. »

Le prestige, mérité à force de dons, fonde la polygamie[96]. Et dans tous les cas, c'est une obligation morale pour la famille de la femme de servir la famille alliée.

Enfin, les *mburuvicha* ont coutume de donner une de leurs femmes pour sceller des alliances politiques. Ce don ne paraît pas tout à fait identique au mariage d'une sœur ou d'une fille. Il n'est pas une alliance matrimoniale directe mais *don* d'une alliance matrimoniale qui inféode la famille de la femme à son nouveau partenaire. Le donateur bénéficie du prestige que lui vaut un tel don. Les *mburuvicha* paraissent ainsi disposer des

---

95. Cf. Bartomeu Melià, *Una nación, dos culturas,* éd. CEPAG, Asunción del Paraguay, 1988, p. 33 (c'est nous qui traduisons).

96. Les ethnologues interprètent parfois la polygamie comme le résultat d'un calcul intéressé. Il s'agirait pour l'homme de drainer des services de parenté et d'augmenter ainsi la richesse de sa maisonnée par l'exploitation de la force de travail féminine. Un tel objectif est selon nous l'inverse de celui que se fixent les hommes les plus prestigieux d'une communauté de réciprocité, non pas que le souci d'accumuler n'existe pas chez qui a pour but de donner (il faut évidemment produire pour donner) mais parce que leur but essentiel est le prestige. Plus un homme devient prestigieux par le don ou par l'exploit guerrier et davantage il a de chances de mériter l'hommage de plusieurs femmes. L'*être social* naît de la réciprocité matrimoniale. Mais pour participer de cette structure davantage que les autres, il faut donner davantage que les autres. Le don des vivres devient antérieur à la polygamie.

femmes d'une façon qui peut prêter à confusion. En réalité, ils leur confient un rôle important : la genèse de l'alliance nouvelle. La femme reçoit l'ordre de fonder une humanité supérieure.

Les Espagnols reçoivent donc pour femmes les filles et les sœurs des Indiens qui cherchent à établir des alliances de parenté. Pour les Indiens, l'important est d'intégrer l'autre dans une relation de réciprocité et d'accroître l'être social. L'Espagnol doit pouvoir être "beau-frère" quel qu'en soit le prix[97]. Les chefs indiens tentent aussi de pratiquer avec les chefs espagnols le don de femmes car le mérite d'un tel don doit leur revenir comme le prestige de tout don, et en principe les Espagnols qui l'acceptent devraient reconnaître leur autorité. De leur côté, les Espagnols distribuent des outils de fer. Les Indiens voient dans ces richesses des *dons* et, selon la logique de leur système économique, répondent aussitôt par l'hospitalité et l'alliance militaire.

Cependant, aux yeux des Indiens, le don mérite du prestige à son auteur à la condition qu'il soit véritablement *don*. Or, les dons des Espagnols sont en réalité intéressés. Ils ne sont pas ordonnés au prestige ou à l'amitié, mais à la confiance nécessaire aux *relations d'échange*. Schmídl le dit clairement :

> « Le chef des Ortues donna à notre capitaine quatre plaques d'or et quatre anneaux, de ceux qu'ils se mettent aux bras, tout en argent. Les Indiens portent ces plaques au front comme ornements de la même façon qu'ici, au pays, un grand seigneur porte une chaîne en or. Notre capitaine donna au principal des Ortues, en échange des plaques et anneaux, quelques haches, couteaux, rosaires,

---

97. Ce fut la phase historique du *cuñadazgo*, écrit Melià (1988), *op. cit.*, pp. 81-82.

ciseaux et d'autres choses que nous avions apportées de Nuremberg pour faire ces échanges [*rescates*][98]. »

À peine est-il nécessaire de souligner les termes que Schmídl utilise : pour les Indiens *donner* et *honorer*, pour les Espagnols *échanger* et *acheter*. Don de valeurs de prestige contre accumulation de valeur d'échange. Les Espagnols ne cherchent pas à fonder leur pouvoir sur le prestige, mais sur la propriété des biens matériels :

> « Nous demeurâmes quatre jours avec les dits Jerús et là se trouvait le roi, qui nous traita très bien, ordonnant à ses vassaux qu'ils nous donnent de la nourriture en abondance et tout ce que nous désirions. Ce fut ainsi que chacun de nous obtint dans ce voyage une valeur d'environ deux cents douros en couvertures, coton et argent, que nous avions achetés aux Indiens sans verser aucun argent, en échange de couteaux, rosaires, ciseaux, miroirs et autres petites choses[99]. »

Le "don" des uns et celui des autres s'intègrent ainsi dans des structures inverses : la réciprocité pour les uns, et l'échange pour les autres ; avec deux finalités opposées : le prestige et le profit.

Le système économique et social indien repose sur deux principes : 1° la réciprocité des dons engendre le lien social ; 2° la "dialectique du don" engendre la hiérarchie de prestige (plus on donne, plus on est prestigieux)[100].

---

98. Schmídl, *op. cit.*, p. 83.

99. *Ibid.*, p. 84.

100. La "dialectique du don" est polarisée par l'acquisition du prestige social qui justifie la compétition dans la production et promeut une autre économie que l'économie d'échange, de surcroît une économie d'abondance ! Cf. D. Temple, *La dialectique du don,* Diffusion Inti, Paris, (1983), rééd. 1995.

Aussi les Indiens tentent-ils de donner le plus possible, chacun surenchérissant sur l'autre pour ne pas se laisser surpasser en renommée, ou encore pour s'assurer de l'alliance de l'étranger qu'ils interprètent comme partenaire de réciprocité.

Les Espagnols, eux, prennent et se félicitent de la générosité de leurs hôtes, mais ils l'interprètent comme une preuve d'irrationalité[101]. Ils méconnaissent que, dans l'esprit des Indiens, accumuler n'est acceptable que pour donner – à moins de perdre la face et de renoncer à toute autorité morale et politique. Chacun se méprend sur la réalité de l'autre. Voilà ce que l'on peut appeler le *Quiproquo Historique*.

______

101. Cf. Bartomeu Melià. « Culturas indígenas y evangelización. Desafíos para una misión liberadora », *Papier présenté lors de la IVe semaine d'Études Interdisciplinaires*, Linha 2–CNBB, São Paulo, 16-20 octobre 1989, pp. 8-9.

Le Quiproquo dévoilé

Les Espagnols acceptent l'offre des femmes et le service de leurs familles, mais ne reconnaissent pas l'autorité des chefs Guarani. Le vice-gouverneur Domingo Martínez de Irala, dans sa *Relation* de 1541, exprime ainsi cette équivoque :

> « Nous maintenons en paix comme vassaux de votre Majesté les Indiens Guarani, au moins les Cario, qui vivent sur un périmètre de trente lieux autour du port et qui servent les chrétiens eux-mêmes personnellement ou avec leurs femmes pour tous les services nécessaires, et ils ont donné pour le service des chrétiens sept cent femmes pour qu'elles les servent à la maison et dans les champs[102]. »

Ils héritent, en épousant les femmes indiennes, d'un statut de parenté qui résout tous leurs problèmes, mais ils n'envisagent que leur intérêt et ne donnent pas à leur titre *d'allié de parenté* le sens de *protecteur* des communautés indiennes ; ils utilisent au contraire leurs obligés de parenté pour des expéditions à travers le désert du Chaco[103] dont ceux-ci ignorent les raisons. Ils ne respectent pas l'autorité des *mburuvicha* qui leur ont donné des épouses.

---

102. Cité par Melià dans *El Guaraní conquistado y reducido*, Ensayos de etnohistoria, vol. 5, Asunción del Paraguay, (1988), 1993, p. 18.

103. Le *Gran Chaco* est une des principales régions géographiques d'Amérique du Sud qui s'étend sur les territoires de l'Argentine, de la Bolivie, du Brésil et du Paraguay, entre les rivières Paraguay et Paraná à l'est, et l'Altiplano andin à l'ouest. La partie occidentale du Chaco est quasi désertique. À cette époque, le but principal des Espagnols était cette *Sierra de Plata* fabuleuse (i.e. le Pérou) qu'ils tentaient d'atteindre par tous les moyens.

Louis Necker[104] soutient dans sa thèse que les premiers conflits entre Guarani et Espagnols ont pour origine des querelles de préséance politique, des questions de prestige. Les Guarani ne comprennent pas que les Espagnols qui acceptent leurs dons ne se soumettent pas à leur autorité, et que même ceux qui ne donnent rien mais reçoivent tout les traitent comme des serviteurs. Il y a plus grave : les Indiens se rendent compte que les Espagnols ne traitent pas leurs filles ou leurs sœurs avec le respect dû à des épouses mais comme des pièces de bétail.

Les observations de Branislava Susnik[105] suggèrent que ce qui révèle aux Guarani la nature du système espagnol, c'est le fait qu'ils utilisent les femmes comme valeur d'échange. Sur la façon dont les Espagnols considèrent les femmes, il n'y a aucune équivoque :

> « La documentation sur ce sujet est accablante et continue. Peu à peu, Asunción et ses alentours, ainsi que les toutes petites villes du Guairá, se sont converties en camps de concentration de femmes guarani, humainement prostituées, physiquement violées, gémissant sous le poids des travaux forcés. Comme un cheval ou comme un morceau de tissus, la femme est une *pièce* : une pièce qui peut être achetée, vendue, troquée, jouée aux cartes. "Les Espagnols ont pris la mauvaise habitude en soi de vendre ces Indiennes les uns aux autres comme moyen d'échange", disait un certain Andrada en 1545. Et une

---

104. Louis Necker, « La reacción de los Guaraníes frente a la conquista española del Paraguay : Movimientos de resistencia indígena » [1975], *Suplemento Antropológico*, vol. XVIII, Universidad Católica, Asunción del Paraguay, 1983, pp. 7-29.

105. Branislava Susnik, *El Indio colonial del Paraguay*, I *El Guaraní colonial*, Museo Etnográfico « Andrés Barbero », Asunción del Paraguay, 1965-1966.

relation anonyme du même siècle parle pareillement de beaucoup d'Indiennes que les Espagnols possèdent et "ils les vendent, les jouent et les troquent et les donnent en mariage ; il y aurait dans la seule ville d'Asunción de 20 à 30 mille Indiennes qui sont engagées contre des porcs ou du bétail, et d'autres choses mineures, dont ils se servent pour le travail des champs" […].

Parfois, on reconnaît une vente larvée, comme l'atteste le Père Gonzáles Paniagua. Les propriétaires "faisaient venir à coups de bâton [les Indiens] pour travailler et ils prenaient leurs femmes et filles par force et contre leur volonté, les vendant, les troquant contre des vêtements et autres moyens de rachat" (cité par Susnik 1965 : 12)[106]. »

Alors le quiproquo est dévoilé. De l'alliance, on passe à la guerre. Les choses se radicalisent encore lorsque les conquérants apprennent que le Pérou est conquis par d'autres Espagnols conduits par Francisco Pizarro, qui leur intime de s'en retourner sous menace de mort. Ils doivent renoncer aux trésors des Andes et s'installer sur leurs terres d'accueil. Désormais, pour régner en maîtres, ils vont réduire en esclavage les indigènes ou les supprimer lorsqu'ils refuseront de s'incliner.

Ils décident donc de s'approprier le territoire : ils détruisent les grandes communautés agricoles, usurpent les terres cultivées, convertissent le service de parenté en travail forcé. Pour les Guarani, l'esclavage n'est plus motivé par la consommation des Espagnols mais par l'accumulation – l'accumulation sans limite puisque ordonnée au profit.

En 1555, les Espagnols se répartissent le pays en trois cents *encomiendas*, alors que la terre, pour les Guarani, ne saurait être attribuée à personne. Il n'existe à partir de cette

---

106. Cf. Melià, *Una nación, dos culturas, op. cit.*, pp. 82-83.

époque plus d'espace de liberté où le système de réciprocité puisse se perpétuer. Mais la rébellion des Guarani est telle que le gouverneur d'Asunción, Pedro de Orantes, doit bientôt instaurer la *mita*[107] : les Guarani seront libres de vivre dans leurs familles mais contraints de travailler au service des colons lors des semailles et des récoltes.

Entre 1537, date de fondation du port d'Asunción, et 1609, date de fondation des Réductions jésuites, Louis Necker ne dénombre pas moins de 23 campagnes de répression militaire pour faire face aux soulèvements[108]. En 1575, la population est décimée par les campagnes punitives. Néanmoins, la résistance est telle que les Espagnols doivent se replier à Asunción où leur situation est incertaine, tandis que dans la forêt, les caciques et les chamans interdisent de semer, de récolter ou d'entreprendre aucune activité productrice dont les étrangers pourraient tirer parti.

---

107. La *mita* : nom pris par l'*encomienda* au Paraguay. Ce terme était hérité du système de réciprocité-distribution de l'empire Inca dans lequel celui-ci *donnait* les terres et la laine aux indigènes afin qu'ils puissent *en retour* verser un tribut en céréales et tissages. Les Espagnols ont substitué à ce principe de tribut basé sur le don et contre-don un système de servage – l'*encomienda* – consistant à regrouper les indiens sur un territoire pour les faire travailler dans des mines ou des plantations, mais sans leur fournir ni nourriture ni rétribution. Cf. Nathan Wachtel, *La vision des vaincus*, Gallimard, Paris, 1971, pp. 157-160. La *mita* désigne à cette époque tout travail obligatoire, également appelé "service personnel", dû aux colons.

108. Cf. Necker, *Indiens Guarani et Chamanes Franciscains, op. cit.*, pp. 249-254.

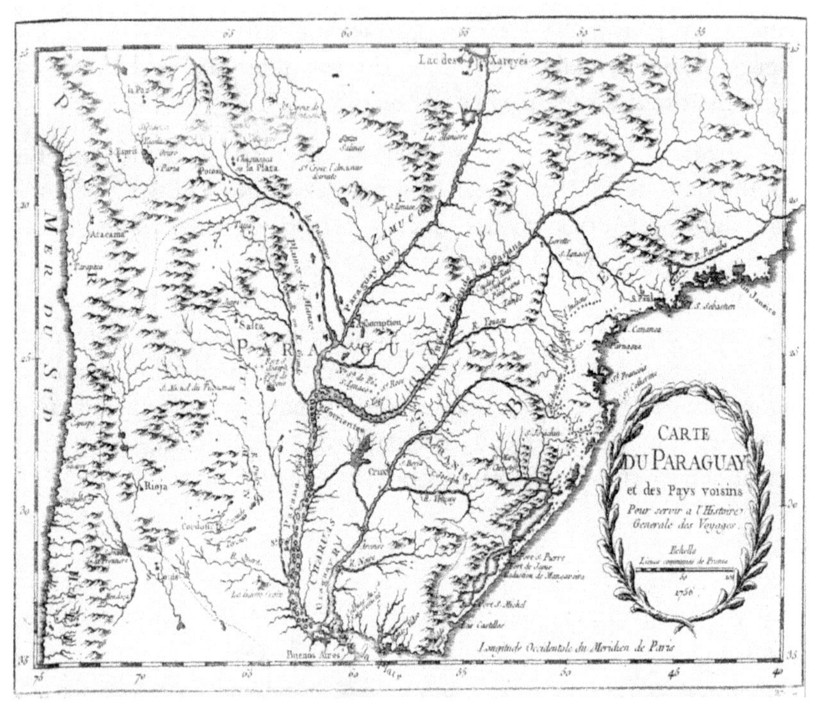

Carte du Paraguay et des Pays voisins (1756)

Atlas de l'*Histoire Générale des Voyages*, de l'Abbé Prévost

(1746-1761)

2. 2. Le Quiproquo missionnaire

Le *teko* : "mode d'être" guarani

Jusqu'à présent, les conquérants ont eu affaire aux *tubicha*, autorités politiques et guerrières dirigeant de grandes communautés. Ces communautés étaient établies sur les rives des fleuves où l'agriculture était prospère. Les Espagnols ont détruit ces nations agricoles, ils ont exécuté les *tubicha*, et les Guarani ont trouvé refuge dans les forêts plus montagneuses où les communautés sont plus petites, nomades, difficiles à localiser et à dominer.

L'organisation sociale guarani se révèle alors diversifiée et complexe. La structure fondamentale – le *tekoha* – est une unité de production-consommation, unité de vie religieuse et politique qui réunit sur un même territoire des familles d'un seul lignage[109]. Toutes les familles vivent sous l'autorité d'un "principal", le *pa'i* : responsable de la communauté, gardien de la Tradition, et qui a souvent des pouvoirs magiques, à moins que ceux-ci ne soient réservés à un chaman – le *payé*.

---

109. Le terme *Teko* a plusieurs significations : culture, tradition, loi… mais surtout "mode d'être". Le *Tekoha* est le territoire où l'on peut établir le "mode d'être" guarani, « espace de culture et d'identité guarani », comme le décrit Bartomeu Melià : « Le *tekoha* signifie et produit en même temps des relations économiques, des relations sociales et une organisation politico-religieuse essentielles pour la vie guarani. Quoique cela puisse paraître une redondance, il faut admettre, avec les dirigeants guarani, que sans *tekoha* il n'y a pas de *teko*. » Melià, *El Guaraní conquistado y reducido, op. cit.*, p. 106.

LES DEUX MODÈLES CULTURELS DE SUSNIK

Branislava Susnik[110] a mis en évidence deux modèles culturels qui polarisent différemment l'évolution de cette organisation de base. Le premier est celui du *tekoha guasú*, le "grand *tekoha*" qui rassemble plusieurs maisons en un village bien protégé de palissades. Ces villages pouvaient s'allier et former des sortes de fédérations que les Espagnols reconnurent comme des provinces et qu'ils nommèrent du nom du *tubicha* qui y jouissait du plus grand prestige – le *mburuvicha*. Branislava Susnik soutient qu'il y avait même différenciation et complémentarité des villages fédérés, les uns spécialisés dans l'agriculture, les autres dans la défense ou la guerre. Dans ces *tekoha guasú*, les autorités "politiques" auraient eu une importance supérieure aux autorités "religieuses".

Le second modèle culturel de Susnik est celui des "montagnards" (les *kanigua*). Dans les zones montagneuses, les familles sont obligées de se disperser pour faire face à la précarité des ressources. Les "feux" abritent seulement une maisonnée de quelques familles, voire une famille : ce sont les *te'yi*.

Les conditions de vie seraient donc déterminantes de ce qui, pour Susnik, représente les étapes d'une évolution. Le *te'yi* traduirait un état primitif, le *tekoha* le début d'une organisation sociale, et le *tekoha guasú* la forme la plus évoluée de la société guarani.

---

110. Susnik, *El indio colonial del Paraguay, op. cit.*

Les deux évolutions de Melià

Bartomeu Melià a reconsidéré cette opposition en observant la relation des Axé du Paraguay avec les Guarani[111]. Il reprend d'abord l'opposition de Branislava Susnik.

> « Des indices culturels et linguistiques à la fois paraissent insinuer que, comme le dit poétiquement un mythe guarani [...] : Axé et Guarani dansèrent ensemble ; mais, plus tard, la communauté se défait et le processus de développement des Axé se retourna pour régresser jusqu'à l'extrême de ce que l'histoire nous propose. Les Axé souffrirent une régression culturelle ; ils perdirent une partie du patrimoine culturel qu'ils avaient acquis probablement avec les Guarani [...].
>
> Quelle aura été la tragédie ? Il est difficile de la conjecturer. La région orientale du Paraguay se divise en champs fertiles et cordillères basses, couvertes de bois et moins favorables à l'agriculture. En simplifiant un peu, les Axé occupaient jusqu'à des temps récents, les parties les moins accessibles des cordillères boisées, et les Guarani, les champs fertiles et les bois d'accès plus faciles[112]. »

On pourrait conclure que les Guarani ont pris l'avantage sur les Axé et qu'ils les ont relégués dans les montagnes où ceux-ci auraient régressé par le seul fait de leur marginalisation historique, mais l'analyse de Melià est plus profonde : ce qui

---

111. Bartomeu Melià & Christine Münzel, « Ratones y Jaguares. Reconstrucción de un genocidio a la manera de los Axé-Guayakí del Paraguay Oriental », *Suplemento Antropológico de la Revista del Ateneo Paraguayo*, vol. 6, n° 1-2, Asunción del Paraguay, 1971.

112. *Ibid.*, (c'est nous qui traduisons).

apparaît comme une régression des Axé, du point de vue des Guarani, est en fait une évolution en sens opposé. Et l'évolution des Guarani est, du point de vue des Axé, une régression. Les Axé se seraient spécialisés dans une économie prédatrice au fur et à mesure que les Guarani auraient davantage maîtrisé agriculture et élevage. Les Guarani auraient colonisé les terres fertiles contraignant les Axé à se réfugier sur des territoires propices à la cueillette et à la chasse, mais alors les Axé leur auraient fermé l'accès à ces territoires, les contraignant à ne tirer leurs ressources que des terres cultivables. Cette différenciation mutuelle n'était-elle pas déjà motrice des "modèles culturels" de Susnik avant la colonisation ?

Melià poursuit :

> « Dans une situation semblable à celle des Axé, nous trouvons certains groupes guaranis. C'est à eux que se réfère Susnik sous la dénomination de "Guarani montagnards". Ces Guarani, qui pratiquaient l'agriculture mais qui habitaient cependant la montagne, occupent une position intermédiaire entre les Axé et le reste des Guarani[113]. »

---

113. *Ibid.*

LES DEUX PAROLES ORIGINAIRES

La distinction de deux évolutions, proposée par Bartomeu Melià, suggère qu'il pourrait y avoir deux principes d'évolution, deux Paroles fondatrices capables d'organiser la société. S'il n'existait qu'un seul principe d'organisation sociale, l'évolution serait, comme le propose Branislava Susnik, linéaire. Or, dans tout *teko* (mode d'être) guarani, on trouve une "dualité de principes" ou de "paroles fondatrices". Les termes de "politique" et de "religieux" sont très souvent employés pour caractériser l'un et l'autre.

Le *pa'i* du *tekoha* guarani, qui devient *tubicha* des *tekoha guasú* ou même cacique *(mburuvicha)* d'une province, est un chef "politique". Mais il est surtout un coordinateur ou un sage réputé : les différentes activités de la communauté tendent chacune à un statut particulier. Branislava Susnik distingue dans cette différenciation les compétences guerrière, agricole, religieuse, médicale... Par contre, dans les *te'yi*, le *pa'i* assure à lui seul toutes les fonctions. Ce cumul serait-il dû seulement à la réduction de la communauté à de petites dimensions démographiques ?

La fragmentation des *tekoha*, l'errance, l'isolement, le repli sur les rites fondamentaux peuvent aussi conduire paradoxalement à de vastes rassemblements lorsque des événements graves menacent toutes ces communautés. Que les terres s'épuisent, que les palmiers manquent, que l'ennemi s'annonce, les Guarani changent de territoire ; que des épidémies sévissent, que les récoltes soient compromises...

alors les Guarani quittent le pays. Des *payé*[114], des chamans particulièrement redoutables, deviennent des guides messianiques ou prophètes : les *karaí* [115].

Or, il n'y a pas alors différenciation de statuts, bien au contraire. Le *karaí* rassemble toutes les énergies dans une seule Parole dont on dit plus que jamais qu'elle est d'essence religieuse[116]. À partir du choc colonial, ces migrations prennent une importance considérable. C'est que le *teko* guarani lui-même est en péril. Et sa vision du bonheur se réfugie dans l'espérance d'une terre promise, provoquant des migrations de populations importantes sur de grandes distances. Ces migrations ont donné lieu à de nombreux commentaires centrés sur le thème de la "Terre sans mal" (*Tierra sin mal*) que les *karaí* promettent au terme du voyage. Les chamans de l'époque coloniale ont en effet intégré certaines visions chrétiennes dans les motivations de leurs exodes, bien que le fond religieux guarani ait suffisamment de ressources pour autoriser des visions prophétiques ou mystiques[117].

Bartomeu Melià note que selon le sociologue brésilien Florestan Fernándes, avant la colonisation, l'expression guarani que l'on traduit par la "Terre sans mal" signifiait « un

---

114. *Payé* (ou *pajè*) : terme guarani qui recouvre les notions de chaman, mage, *hechicero* : "sorcier" traduit le plus souvent Melià.

115. Le terme *Karaí* renvoie au caractère surnaturel, saint, magique, lié au miracle. Cf. Melia & Temple, *op. cit.*, pp. 208-211.

116. D'après Susnik, la communion sociétale s'exprimait « au travers des assemblées ou grandes cérémonies avec leurs chamans qui en qualité de "seigneurs de la parole", de la pluie et des interactions magiques, garantissaient le "bien-être" de la communauté ». *Ibid.*, p. 30.

117. Cf. Bartomeu Melià, « La *Tierra sin mal* de los Guaraníes, economía y profecía », *America Indígena*, vol. XLIX, n°3, (1987), 1989, pp. 491-507.

sol vierge, sa recherche économique pouvant avoir été le motif principal des nombreux déplacements des Guarani[118]. »

Or, pour donner à autrui, pour établir ces *relations de réciprocité* qui sont à la base des valeurs sociales de toute communauté, il faut produire, et puisque les Guarani sont avant tout des agriculteurs qui cultivent le maïs et le manioc, il faut mobiliser la terre pour cette production, ouvrir des clairières dans la forêt en ménageant des arbres qui tiennent le sol et le protègent du soleil ou de la violence de la pluie... La terre est donc intégrée au mode d'existence, qui lui-même est intégré au *teko* – au "mode d'être" – car si l'invitation et la fête engendrent la paix et l'amitié, pour inviter et donner de grandes fêtes, il faut disposer du *cawin*, cette bière très fine obtenue à partir de la fermentation du maïs ou du manioc. La *Terre sans mal* n'est donc pas une *Terre promise* au sens de paradis mais plutôt une *terre vierge*, celle de la forêt riche d'humus et de palmiers... Non encore travaillée par l'homme, cette Terre (sans Mal) est riche d'une *puissance* de produire, potentialisation d'un *tekoha* abondant, elle est la promesse d'un *teko* guarani resplendissant : la Terre *promise*.

Les deux évolutions écologiques de Bartomeu Melià ou les deux modèles culturels de Branislava Susnick pourraient illustrer, selon notre interprétation, l'antinomie des "deux Paroles"[119], les deux manifestations de la fonction symbolique : la Parole d'opposition et la Parole d'union : *Pa'i - Tubicha - Mburuvicha*, autorité politique (cacique) d'une part ; et d'autre part : *Pa'i - Payé - Karaí*, autorité religieuse avec l'évolution du *payé* (chaman) en *karaí* (messie).

---

118. Melià, *El Guaraní conquistado y reducido, op. cit.*, p. 108.

119. Cf. Dominique Temple, *Les deux Paroles* (2003), rééd. Collection *réciprocité*, n° 3, 2017.

Mais, évidemment, chacune de ces potentialités différentes de la Parole (Parole politique/Parole religieuse) s'est épanouie chaque fois que les conditions lui ont été favorables.

2. 3. Le quiproquo historique religieux

L'histoire du Paraguay est mouvementée. Son premier gouverneur, Pedro de Mendoza, meurt sur le vaisseau qui le ramène en Espagne. Son successeur, Juan de Ayolas, qui tente de traverser le continent est tué à son retour et le pays d'Asunción est livré à la concupiscence de ses lieutenants parmi lesquels se distingue Domingo Martínez de Irala. Ses méthodes sont d'une violence extrême :

> « Nous attrapâmes alors des Payagua, on les condamna et on les attacha à un arbre, et on fit un grand feu à une certaine distance, ainsi lentement ils furent brûlés[120]. »

La colonie, désorganisée, demande secours au roi qui envoie un nouveau gouverneur, un homme qui dispose déjà d'une connaissance approfondie des Indiens. Qui est cet homme choisi pour renouer le dialogue rompu, ou tout au moins instaurer une interface entre les communautés et les colons ?

Álvar Núñez Cabeza de Vaca est un noble catholique, il s'embarque en 1527 comme Commandant en second de l'expédition de Pánfilo de Narváez, parti explorer la Floride[121]. Il reviendra en Espagne après une odyssée de huit années qui le mena de Cuba au Mexique, au cours de laquelle il rencontre

---

120. Schmidl, *op. cit.*, p. 56.

121. À partir des îles Caraïbes, base de pénétration espagnole, la Floride est la terre la plus proche pour atteindre un continent que l'on devine immense. Cinq caravelles et six cents hommes quittent l'Andalousie, le 17 juin 1527, et s'élancent à sa conquête.

des peuples nomades (pêcheurs, chasseurs, cueilleurs), et en approchant du Mexique, de plus en plus sédentaires (agriculteurs) ; les uns ayant déjà eu des contacts avec les occidentaux, les autres non. De ce fait, il faudrait de délicates analyses pour interpréter chacune de ses rencontres, quoique toutes illustreraient ce que nous savons déjà dit du quiproquo historique. Cependant, quelques-unes nous présentent le quiproquo sous un jour nouveau, celui de l'interface religieuse.

Au bout d'un périple désastreux destiné à trouver par voie de terre un port dans le golfe de Floride, Cabeza de Vaca et ses hommes tentent de rentrer sur des embarcations de fortune, qui dérivent et disparaissent dans les tempêtes. Lors d'une dernière tentative, les naufragés mettent à l'eau deux barques qui coulent non loin de la côte, emmenant par le fond toutes leurs affaires et les vêtements qu'ils avaient ôtés pour pousser les barques dans l'eau. Certains arrivent à regagner péniblement le rivage. À ce moment-là, sur les trois cents hommes partis en expédition, ils ne sont déjà plus que dix-neuf survivants[122].

Ce sont donc des hommes totalement nus cette fois, sans outil, sans arme, sans aucun savoir approprié au pays qui doivent se confronter immédiatement à la faim, la soif, le froid, et se présenter devant des communautés indiennes qui jusque-là les prenaient pour des dieux parce que caparaçonnés

---

122. Le récit de ces sept années d'errance autour du golfe du Mexique par Álvar Núñez Cabeza de Vaca est rapporté dans sa Relation de voyage : *La Relación que dio Álvar Núñez Cabeza de Vaca de lo acaescido en las Indias en la armada donde iba por Gobernador Pánfilo de Narvaez.* Écrit à son retour en Espagne pour le roi Charles Quint, en 1537, il fut publié dès 1542, et par la suite également connu sous le nom de *Naufragios* (Naufrages).

d'armures invincibles, domptant des animaux célestes (les chevaux) et distribuant la mort à distance (l'arbalète) ou maîtrisant la foudre (l'arquebuse). Voici donc des Grands d'Espagne qui font l'expérience de la plus simple des conditions humaines.

Néanmoins, l'hospitalité indienne leur assure la survie. La réciprocité, qui était inégale tant que les Européens jouissaient d'un prestige incomparable, est remplacée par une réciprocité inégale inversée puisque les nouveaux-venus (qui ne savent ni chasser ni pêcher à l'arc) sont seulement aptes à assumer des services élémentaires : porter du bois ou des vivres d'un campement à l'autre, veiller sur le feu, etc. Bref, ils connaissent le sort des captifs, c'est-à-dire des "esclaves".

Les statuts sont renversés. Les Espagnols sont aussitôt dispersés au gré des communautés indiennes nomades, et ceux qui survivent se rencontrent au hasard des pérégrinations et retrouvailles des familles dont ils sont les serviteurs.

Cabeza de Vaca deviendra ce qu'il appelle avec humour "colporteur", d'une communauté à l'autre, en réalité un messager qui, parce qu'il ne fait pas partie de la communauté, ne peut exercer aucun rôle dans la réciprocité négative des tribus rivales, mais par contre peut assurer entre elles des relations de réciprocité à longue distance, qu'il interprète, lui, comme du "troc".

> « Je me fis colporteur, et je mis tous mes soins à bien faire mon office : ils me nourrissaient, me traitaient fort bien ; ils m'envoyaient de côté et d'autre chercher ce dont ils avaient besoin, car les guerres continuelles qu'ils ont dans ce pays, empêchent de le parcourir et de communiquer. Dans mes courses et mon petit trafic, je pénétrais dans l'intérieur du pays, aussi loin que je voulais : je m'éloignais de quarante ou cinquante lieues de la côte. Mes

principales branches de commerce étaient des morceaux et des cœurs d'escargots de mer, des coquilles avec lesquelles ils coupent une espèce de fruits semblables à des haricots, qu'ils emploient comme médicament, et qui leur servent dans leurs danses et dans leurs fêtes (c'est la marchandise la plus avantageuse), des petits coquillages de mer qui servent de monnaie et d'autres objets : voilà ce que j'introduisais dans l'intérieur. Je rapportais, en échange, des peaux et une espèce de terre rouge dont ils se servent pour se teindre le visage et les cheveux, des pierres pour les pointes des flèches, des roseaux très durs pour les fabriquer, de la colle et des houppes faites avec des poils de cerfs qu'ils teignent en écarlate. Ce métier me convenait, j'allais et venais en liberté, je n'avais aucune occupation obligée, je n'étais pas esclave, et partout où je me présentais on me recevait bien ; on me donnait à manger et tout cela pour mes marchandises. Je trouvais surtout un avantage dans ces courses, j'observais par où je pouvais pénétrer, et je me faisais connaître des naturels ; Quand ils me voyaient apporter ce dont ils avaient besoin, ils se réjouissaient extraordinairement, et ceux qui ne me connaissaient pas désiraient me voir à cause de ma renommée[123]. »

La réciprocité à longue distance (qui instaure normalement une équivalence des valeurs correspondant aux besoins de chaque communauté) ne peut s'épanouir dans un contexte de réciprocité négative. Ce point mérite d'être discuté. Karl Polanyi[124] estime que les communautés amérindiennes

---

123. Cf. *Relation et Commentaires du Gouverneur Álvar Núñez Cabeza de Vaca sur les deux expéditions qu'il fit aux Indes*, trad. franç. de H. Ternaux-Compans, Mercure de France, Paris, 1980, p. 69.

124. Karl Polanyi, *Trade and Market in the Early Empires* [1957], Trad. franç. *Les systèmes économiques dans l'histoire et dans la théorie*, Larousse, Paris, 1975.

offraient ce qu'elles avaient de meilleur aux étrangers lointains et cela sans compter tandis que leurs interlocuteurs en faisaient autant pour les honorer, de sorte que le don des uns et le don des autres demeurait une *relation de réciprocité* qui était seulement transportée par les médiateurs. Il s'appuie sur le commerce entre suzerains de grandes communautés précolombiennes. Et sans doute ces relations sont-elles les bases d'une solide "économie de réciprocité", voire d'"échange de réciprocité"[125], mais distincte de l'économie de libre-échange, de toute privatisation de la propriété et de l'accumulation capitaliste.

De son point vue, Cabeza de Vaca voit les choses comme un petit trafic ou un petit commerce dont il dit que la pratique lui convenait, car il n'était plus esclave mais un homme libre, que l'on récompensait pour ses services. Libre donc mais pas d'actualiser son système économique ; il ne le peut pas, en effet, pour une raison décisive : il n'a pas accès à la propriété privée. Il n'est récompensé que du prestige lié à son statut de *tiers* dans une relation de *réciprocité ternaire généralisée,* qui permet de surmonter la réciprocité négative et d'instaurer le "marché de réciprocité"[126].

Cabeza de Vaca ne peut faire aucun profit, accumuler aucune sorte de "monnaie", et n'a d'autre satisfaction que de répondre aux désirs des indigènes même quand ce qu'il leur

---

125. L'échange qui respecte les équivalences de réciprocité est un échange que l'on peut dire *juste* ou encore "échange de réciprocité" : c'est l'échange qui prévaudra jusqu'à ce que la propriété soit privatisée et que se développe l'exploitation du travail salarié. Cf. D. Temple, « Échange de réciprocité, échange réciproque, libre-échange et échange capitaliste » (2006), en ligne sur le site de l'auteur.

126. Cf. D. Temple, « Le marché de réciprocité et l'échange » (1999), en ligne sur le site de l'auteur.

apporte ne "vaut rien" à ses yeux comme des coquillages ramassés sur la plage. Mais pour les Indiens, il jouit d'un grand *prestige*. Besoins, désirs et plaisir se conjuguent pour que de ce nouveau statut de "messager" émerge un sentiment propre au rayonnement de son activité redistributrice : la *renommée*.

> « [...] j'observais par où je pouvais pénétrer, et je me faisais connaître des naturels ; Quand ils me voyaient apporter ce dont ils avaient besoin, ils se réjouissaient extraordinairement, et ceux qui ne me connaissaient pas désiraient me voir à cause de ma renommée[127]. »

Mais ce n'est pas tout ! Pour les Indiens, l'ailleurs inconnu qu'amène le messager est le miroir de bien autre chose que l'amitié des peuples éloignés. Nous avons suggéré que la réciprocité négative permet de s'échapper des contraintes de la nature puisqu'elle mobilise la mort elle-même, et qu'elle permet d'ouvrir à la conscience un autre monde que celui de l'existence naturelle. Les nouveaux-venus (qu'ils soient dieux ou hommes, cela n'a finalement pas d'importance) ouvrent les limites de la communauté sur l'*au-delà*. Les Indiens font crédit à "l'étranger" d'un autre langage que le leur, un langage délivré de l'imaginaire du don (quand il n'a plus rien à donner) et de la vengeance (quand il n'a pas d'arme). À l'épisode du colporteur, s'ajoute alors l'épopée du "médecin" :

> « Dans cette île dont j'ai parlé, ils voulurent faire de nous des médecins sans nous examiner et sans nous demander nos diplômes. Ils ont l'habitude de guérir les malades en soufflant sur eux. Ils croient chasser la maladie au moyen de ce souffle et de l'imposition des mains. Ils nous demandèrent de leur rendre ce service : nous nous prîmes à rire, en disant que c'était une plaisanterie, et que nous ne

---

127. Cité *supra*, p. 88.

savions pas guérir. Alors ils cessèrent de nous donner des vivres jusqu'à ce que nous les eussions satisfaits[128]. »

Álvar Núñez Cabeza de Vaca se moque, donc, mais les Indiens lui imposent de respecter ce statut extraordinaire d'apporter la Parole de *l'au-delà*. Il reçoit alors une étonnante leçon d'un "naturel" :

> « Voyant notre obstination, un Indien me dit que je ne savais pas ce que je disais, en prétendant que cela ne servait à rien ; qu'il n'ignorait pas, lui, que les pierres et les autres choses que la terre produit ont des vertus qui leur sont propres : qu'une pierre chaude que l'on applique sur l'estomac enlève la douleur, que par conséquent nous, qui étions des hommes, nous devions avoir bien plus de vertu[129]. »

Finalement, Cabeza de Vaca consent à jouer le rôle de prêtre-guérisseur que lui impose la communauté.

> « Enfin le besoin nous pressa tellement, que nous fûmes obligés de les satisfaire, car ils ne nous auraient pas cédé ».

Et voilà ce qui nous vaut une première approximation de la conception de l'au-delà, des "naturels" de cette île :

> « Quand ils sont malades, ils envoient chercher le médecin, et lorsque cet homme les a guéris, non seulement ils lui donnent tout ce qu'ils possèdent, mais ils se procurent tout ce qu'ils peuvent chez leurs parents. Le médecin leur fait des scarifications à l'endroit douloureux, et il suce tout autour de ces coupures. Ils cautérisent aussi avec le feu, et ils considèrent ce moyen comme un grand spécifique […]. Ils soufflent ensuite sur l'endroit malade, et ils pensent que cela chasse le mal. Quant à nous, nous faisions sur eux le signe de la croix, nous leur soufflions

---

128. Cabeza de Vaca, *op. cit.*, p. 66.
129. *Ibid.*

dessus, nous disons un *pater* et un *ave* ; nous priions Dieu le plus instamment possible de les guérir, et de leur inspirer de bien nous traiter[130]. »

Cabeza de Vaca se moque de la foi en Dieu des Indiens, mais, au cas où elle motiverait Dieu à la clémence, autant qu'Il soit motivé favorablement à son endroit.

Nous savons que pour les Indiens, c'est de la "réciprocité de vengeance"[131] que proviennent les esprits de l'au-delà, et que lorsque l'on commet un meurtre, il faut nécessairement *subir* la vengeance de sa victime pour être habité de cet esprit ; mais on peut s'infliger soi-même la meurtrissure que l'on devrait attendre de l'ennemi, auquel cas la réciprocité de vengeance peut être assumée en interne, si l'on peut dire. Néanmoins, l'esprit qui naît de cette relation de réciprocité substitutive est placé sous la garde d'un tiers qui témoigne de l'esprit lui-même, le "médecin" (le chaman), c'est-à-dire un homme qui peut donner à la *puissance* de cet esprit une parole, souvent réduite au *souffle* de la parole.

Dans une communauté où la réciprocité est vécue de façon collective par les rites et les actes sociaux, c'est-à-dire où domine la *communion*, ce médecin est donc prêtre. Tandis que les Indiens procèdent à des scarifications qui ritualisent la réciprocité négative, il témoigne que la vengeance, la dette ou la sanction a été consentie, honorée, payée, et que la dignité du malade ou du blessé a été rétablie par delà la violence de la nature ou des hommes.

---

130. *Ibid.*

131. Cf. Temple Dominique, *La réciprocité de vengeance. Commentaire critique de quelques théories de la vengeance* (2003), Collection *réciprocité*, n° 7, 2017.

Il est proposé à Cabeza de Vaca d'être "prêtre", mais avec un autre statut que celui du "médecin" indien : le statut d'un prêtre affranchi de la réciprocité négative et témoin de l'Esprit de façon purement symbolique. Ce statut lui assurait de guérir "à tous les coups" puisqu'il lui suffisait de répondre à la foi des uns et des autres par des signes immémoriaux comme le signe de la croix ou l'imposition des mains. Et c'est ce qui se produisit !

Pour ce qui est des plantes médicinales, les Indiens en sont évidemment de meilleurs connaisseurs. À l'étranger est dévolue en réalité une autre fonction que celle de soigner : celle de répondre de la foi du peuple, qui seule est capable de "faire des miracles".

C'est par nécessité, comme il le dit lui-même, que Cabeza de Vaca invoque Dieu, par le signe de la croix et la parole (*ave* et *pater*), et l'imposition des mains dont il fait un usage *ad libitum* dans l'espoir de quelque efficacité magique. Tandis que les Indiens en font le langage de leur foi, il constate qu'ils peuvent avoir des effets induits qui lui sauvent la vie :

> « Dieu, notre Seigneur, daigna permettre dans sa miséricorde, que tous ceux pour qui nous priâmes, à l'instant où nous les bénissions, disaient aux autres qu'ils se portaient bien et qu'ils étaient guéris. Alors ils se privaient de nourriture pour nous [...][132]. »

Du coup, il s'imagine que ce n'est plus la foi des indiens qui produit des miracles, mais les signes dont il est le dépositaire en tant que ministre d'un rituel religieux ! Il attribue aux signes d'un rituel l'efficience de la foi dont le rituel reproduit la matrice en image, image qui leur conférerait une efficacité miraculeuse, ce que l'on appelle le fétichisme.

---

132. Cabeza de Vaca, *op. cit.*, pp. 66-67.

On peut donc ici reprendre la question du quiproquo historique du point de vue religieux ! L'essentiel pour le primitif (nous ne discuterons pas ici le mot primitif) n'est pas l'existence qui lui est donnée par la nature mais le sentiment qui lui permet d'échapper à cette existence immédiate et animale. Vivre, pour les hommes en communauté, c'est échapper à cette sphère biologique pour se transporter dans celle de l'Esprit où le sentiment devient celui d'une puissance qui leur appartient de façon indivise, et qui appartient donc à l'au-delà.

Ce sentiment est la foi. Un tel sentiment de la conscience révélée à elle-même comme libre de toute détermination liée à la nature s'exprime par son efficience de façon directe par la parole. La parole est exigée comme la seule réponse compétente aux sentiments d'espérance et de foi nés de cette matrice. C'est elle qui ne se contente plus de nommer les choses utiles à l'homme, comme les signaux des animaux, c'est elle qui porte désormais témoignage de l'accession de l'homme à l'au-delà. Elle est immédiatement oraison dans la joie. D'où les danses et les chants, les peintures et ornements corporels qui l'accompagnent.

La conscience affective s'exprime grâce à la parole dans un langage qui ne doit faire l'ombre d'aucun doute entre les uns et les autres : ce langage est produit par la réciprocité collective entre les hommes ; mais il est aussi exprimé par le rituel qui dévoile comme un miroir les conditions de sa naissance : le partage des vivres ou encore la vengeance, réciprocité positive et réciprocité négative.

Certes un tel langage ne peut prendre sa place que dans la réciprocité collective de la communauté, que l'on appelle la communion, mais il unifie la communauté partout où elle est en vigueur. Ainsi, ce dont il est question entre les communautés et "l'étranger" n'est pas une relation de réciprocité comme celle d'un clan vis-à-vis d'un autre clan, mais d'une parole qui transcende les limites existentielles de la communauté, et qui répond à la quête des hommes de l'*au-delà*, que les occidentaux appellent Dieu.

Et l'on attend donc de lui – l'étranger, l'inconnu – qu'il exprime les valeurs de référence dont il est investi de par son statut, parmi lesquelles la miséricorde et la justice. Mais c'est la foi qui est l'expression du sentiment spirituel des autres membres de la communauté, au point que les malades laissent de côté infirmités et souffrances, et se disent guéris. Leur affectivité, qui était de nature biologique, a en effet été transformée en conscience affective, de nature spirituelle, dans la sphère de l'Esprit. Or, il n'y a qu'*une* affectivité, ou plus précisément, l'affectivité est toujours ressentie comme *une* parce qu'elle est absolue. C'est donc "réellement" que les malades se sentent guéris ou mieux encore sauvés parce que réconciliés avec leur corps par la foi. Allons jusqu'au bout du raisonnement : la souffrance de la maladie est disqualifiée par la joie d'accéder, par la foi, à une dignité supérieure à celle de l'animal.

Cabeza de Vaca et son compagnon Castillo en font l'expérience. Ils décident un jour de quitter leur communauté pour en connaître une autre. Or, ils sont précédés de leur prestige de "prêtre".

> «Le soir même de notre arrivée, des Indiens vinrent trouver Castillo et lui dirent qu'ils avaient mal à la tête, et qu'ils le priaient de les guérir. Aussitôt il les bénit, il les recommanda à Dieu, et ces gens dirent à l'instant même que le mal avait disparu. Ils allèrent chez eux, et rapportèrent une grande quantité de *tunas* [sortes de figues de Barbarie] et un morceau de viande de cerf, ce qui nous étonna beaucoup. Le bruit de cette cure se répandit, et un

grand nombre de malades vinrent le soir même pour se faire guérir, chacun apportait un morceau de cerf : nous ne savions où mettre toute cette viande. Nous rendîmes grâces à Dieu de ce que chaque jour sa miséricorde et ses faveurs augmentaient. Quand les guérisons furent terminées, ils commencèrent à danser, à se livrer à leurs divertissements jusqu'au lendemain au point du jour. Les réjouissances qu'ils firent pour fêter notre arrivée durèrent trois jours[133]. »

Dans une autre communauté :

« Le lendemain matin, un grand nombre d'Indiens vinrent nous trouver ; ils nous amenèrent cinq personnes très malades et paralysées, qui venaient chercher Castillo pour se faire guérir. Chaque malade offrit son arc et ses flèches ; Castillo les reçut, et au coucher du soleil il les bénit et les recommanda à Dieu notre Seigneur. Nous le suppliâmes tous, le mieux que nous pûmes, d'envoyer la santé à ces gens, puisqu'il savait que c'était le seul moyen de faire que les Indiens nous protégeassent, et que nous vissions la fin d'une existence aussi misérable. Dieu nous exauça avec tant de miséricorde, que le matin les malades se levèrent en fort bonne santé et si forts qu'ils semblaient ne l'avoir jamais été[134]. »

On notera ici que chacun des Indiens qui vient demander la bénédiction de Cabeza de Vaca ou de Castillo apporte et dépose à leurs pieds son arc et ses flèches – c'est-à-dire les armes de la réciprocité négative. L'auteur poursuit :

« Les Indiens se montrèrent extrêmement surpris, et nous fûmes on ne peut plus sensibles à ce bienfait de Dieu. Nous le remerciâmes, car nous reconnaissions évidemment sa bonté, et nous espérions qu'il nous

---

133. *Ibid.,* pp. 82-83.
134. *Ibid.,* pp. 84-85.

délivrerait et nous conduirait dans un lieu où nous pourrions le servir. Je puis dire que jamais je n'ai perdu l'espoir que sa miséricorde me retirerait de cet esclavage, et je ne cessais de le dire à mes compagnons[135]. »

Cabeza de Vaca n'est pas Paul de Tarse : il ne devient pas le messager de la Parole d'union, mais il bénéficie pour son compte de la reconnaissance et des actions de grâce des Indiens pour les miracles que leur foi provoque.

Comme il ne doute plus que le couple Foi-Grâce soit efficace, et parce que cette relation religieuse se trouve célébrée par la fête indienne, il est devenu "serviteur" des Indiens, serviteur non par la foi mais par l'avantage qu'il peut tirer de leur foi.

> « Dès que les Indiens furent partis en emmenant ceux qui avaient été malades, nous allâmes chercher des *tunas* dans un autre endroit où se trouvaient des naturels nommés Cutalches et Malicones. Nous trouvâmes avec eux d'autres peuplades : les Coayos et les Susolas. D'un autre côté étaient les Atayos qui faisaient la guerre à ces derniers : chaque jour les deux peuplades se tiraient des flèches. Comme dans le pays on ne parlait que des miracles que Dieu faisait par nos mains, de tous côtés les gens venaient pour se faire guérir. Deux jours après notre arrivée, les Susolas vinrent nous voir, et prièrent Castillo d'aller guérir un blessé et d'autres malades, dont un se trouvait à l'extrémité. Castillo était un médecin très timoré, surtout lorsque les maladies étaient dangereuses. Il craignit que ses péchés ne l'empêchassent de réussir. Les Indiens me dirent d'aller soigner ces malades, que ces gens me voulaient du bien, qu'ils se souvenaient que je les avais guéris quand ils étaient près des noyers, et qu'ils m'avaient donné des noix et des peaux [...].

---

135. *Ibid.*

Il fallut donc aller avec eux : Dorantes et Estebanico m'accompagnè-rent. Quand j'arrivai près de leur cabane, je m'aperçus que le malade était déjà mort. Beaucoup de monde était dehors et versait des larmes : la cabane était abattue, ce qui est un signe du décès du maître. Je trouvai que cet Indien avait les yeux retournés ; on ne sentait plus de pouls, et l'on remarquait tous les caractères de la mort : tel fut mon avis et celui de Dorantes. Je levai une natte qui couvrait le mort, et je suppliai le Seigneur le mieux que je pus de rendre la santé à cet homme et à tous les malades. Je le bénis plusieurs fois ; je soufflai plusieurs fois sur lui ; ils m'apportèrent son arc et me donnèrent un cabas de *tunas* pilées. On m'amena beaucoup d'autres Indiens qui souffraient d'engourdissement, et l'on me donna deux autres paniers de *tunas*, je les remis aux Indiens qui voyageaient avec nous, après cela nous retournâmes où nous étions campés. Nos Indiens, à qui j'avais donné les *tunas*, restèrent. Le soir ils revinrent à leurs cabanes, et dirent que le mort que j'avais soigné devant eux, s'était levé bien portant, qu'il s'était promené, qu'il avait parlé et mangé avec eux, et que tous les autres malades que j'avais traités se portaient fort bien et étaient très gais, ce qui répandit la plus grande admiration dans le pays. On ne parlait que de cela, tous ceux qui l'entendaient dire venaient nous chercher pour que nous les guérissions, et pour que nous fissions le signe de la croix sur leurs enfants. [...] Nous restâmes huit mois avec les Avavares. Nous calculions le temps par les lunes. Pendant ce temps là on vint nous chercher de tous les côtés, et l'on disait que véritablement nous étions les enfants du soleil. Jusqu'alors Dorantes et le nègre n'avaient pas guéri de malades ; mais les nombreuses importunités que l'on nous faisait éprouver en venant de côté et d'autre pour nous chercher, furent cause que nous devînmes tous médecins. Cependant je jouissais de la plus grande réputation, à cause de mon intrépidité à entreprendre toute espèce de guérison. Nous ne traitions jamais personne sans que les malades ne finissent par nous dire qu'ils se portaient bien, et ils étaient si persuadés de guérir quand nous les soignions, qu'ils croyaient positivement que personne des leurs ne mourrait si nous restions toujours avec eux[136]. »

Ce discours ne déparerait pas dans l'Évangile de Matthieu ou celui de Luc. On observe la même foi dans la vie spirituelle qui disqualifie la vie biologique, au point que les malades se sentent mieux ou guéris, ou du moins le proclament, pour être en paix avec Dieu et avec eux-mêmes[137]. Ici, cependant, Cabeza de Vaca n'a aucun message spirituel à transmettre, et utilise les signes de celui-ci pour obtenir de la foi populaire des effets secondaires de la grâce : non pas la résurrection dans la vie éternelle, c'est-à-dire la conscience des valeurs de l'éthique, mais les effets secondaires qu'elle peut avoir : l'amélioration ou l'oubli de leurs souffrances, les guérisons psychiques ou somatiques, qui s'accompagnent de réjouissances... et de récompenses comme de la nourriture en abondance, des noix et des peaux pour le prêtre, dont la foi est ici relativement utilitariste.

Il se contente de ce que les croyants en sa puissance divine, qui font de lui le fils du Soleil, lui rendent hommage comme à un roi. Il précise là, à nouveau, les limites de sa spiritualité et de sa foi, qui reste fort éloignée de celle des hommes qui vivent en communauté de réciprocité collective.

---

136. *Ibid.*, pp. 85-87.

137. La résurrection d'un mort se trouve dans des termes analogues dans les Évangiles de Marc, de Luc et de Matthieu, accompagnée de la même généralisation de la guérison à d'innombrables malades qui viennent se prosterner, d'abord aux pieds de Jésus, puis de ses apôtres auxquels il délègue son pouvoir.

Cabeza de Vaca, investi de la *puissance* divine, attire donc à lui les foules qui le porteront aux nues au nom des miracles que la foi indienne va lui attribuer, et qu'il aura au moins le bon goût de ne pas s'attribuer. De là son odyssée, ici impossible à raconter, et qui durera six longues années.

Selon donc notre interprétation, et pour la résumer, à l'intérieur des communautés où se réfugient Cabeza de Vaca et ses compagnons, la réciprocité est de type communion, et la parole dominante : la Parole d'union. Les communautés que rencontre d'abord Cabeza de Vaca sont de petites communautés démunies où tout est commun, et c'est chez elles que la foi peut être focalisée sous son nom. Aussitôt, elle produit des prodiges, car tout indique que cet inconnu est l'envoyé de Dieu, tout au moins de l'au-delà, et quiconque ne pouvant pas se dissocier du reste de la communauté se dit sauvé de tout mal (maladies, souffrances, mort), c'est-à-dire des sortilèges et des esprits de vengeance : d'où le statut extraordinaire du "prêtre étranger".

Ce n'est pas ici un quiproquo mais un seuil, le moment où les Indiens obtiennent de la réciprocité une *conscience affective* qui se délivre du réel, et d'un rituel qui ne peut encore que reproduire les conditions dans lesquelles s'enchâsse la réciprocité (et plus précisément la réciprocité négative). La parole est prisonnière de ce reflet du réel, que l'on appelle l'imaginaire.

La parole projette le sentiment né de la réciprocité dans la demeure de l'Esprit. Elle est la manifestation de la conscience qui anime le Ciel. Et ici il est demandé à l'étranger que le souffle de la parole soit séparé de l'imaginaire du rite primitif. Et cela nous est montré par Cabeza de Vaca lui-même lorsqu'il raconte comment les Indiens déprécient le sorcier chargé du rituel de la réciprocité négative.

« Ces Indiens et ceux avec qui ils se trouvaient, nous contèrent une chose fort extraordinaire, et qui, d'après leurs calculs, a pu arriver quinze ou seize ans auparavant. Ils prétendent qu'un petit homme, qu'ils croyaient barbu, quoiqu'ils n'eussent pas pu voir son visage, voyageait dans ce pays. Ils le nommaient dans leur langue, *chose mauvaise*. Lorsque cet homme venait chez eux, leurs cheveux se hérissaient ; ils tremblaient et ils voyaient à la porte de leurs maisons un tison enflammé. L'homme entrait, prenait celui qu'il voulait, lui faisait trois grande blessures dans les flancs avec un caillou, large comme la main, et de la longueur de deux palmes. Puis il introduisait sa main dans ces blessures, retirait les intestins, coupait un boyau de la longueur d'une palme plus ou moins, et le jetait dans le feu. Il lui faisait trois autres blessures au bras et à la saignée, séparait les membres, les réunissait, imposait les mains sur leurs blessures, et ces gens prétendaient qu'à l'instant même ils étaient guéris. [...] Nous nous prîmes beaucoup à rire en les entendant raconter ces choses ; mais, voyant que nous ne les croyions pas, ils allèrent chercher un grand nombre de ceux que cet homme avait pris, disaient-ils, et nous reconnûmes les traces des blessures qu'il avait faites dans les endroits indiqués…[138]. »

Il reste deux choses vérifiées : les cicatrices, qui résultent des rites de la réciprocité négative, et le fait qu'à l'issue du rituel ces hommes étaient guéris, et il faut entendre qu'ils avaient aussi recouvré leur "âme de guerrier", auparavant consumée dans le meurtre de leurs ennemis.

Cabeza de Vaca fut donc le témoin que le seuil du réel au symbolique se franchit par l'intermédiaire d'un singulier détour : la répudiation de l'imaginaire de la réciprocité négative. Toutes les relations qui transforment la conscience

---

138. Cabeza de Vaca, *op. cit.*, p. 87.

indienne en conscience chrétienne s'effectuent, dit-il (et il est probablement le seul explorateur de son époque à l'avoir noté de façon systématique), par l'abandon de l'imaginaire de la réciprocité négative.

Il note, en effet, que chaque fois que les Indiens viennent demander sa médiation pour entrer dans la sphère spirituelle par sa parole, ils déposent leur arc et leurs flèches à ses pieds. Que signifient l'arc et les flèches ? Il a lui-même remarqué précédemment qu'ils signifiaient la réciprocité négative :

> « Du temps que j'étais chez les Aguenes, leurs ennemis arrivèrent à l'improviste au milieu de la nuit, les attaquèrent, en tuèrent trois, et en blessèrent beaucoup d'autres. Les Aguenes abandonnèrent leurs maisons et s'enfuirent dans les bois ; mais, quand ils eurent appris que les autres s'étaient en allés, ils revinrent chez eux, ramassèrent toutes les flèches que ceux-ci leur avaient lancées, ils se mirent à leur poursuite le plus secrètement possible, et arrivèrent la nuit même à leur cabanes sans être aperçus. À la pointe du jour ils les assaillirent, leur tuèrent cinq hommes, en blessèrent un grand nombre, et les forcèrent d'abandonner leurs demeures, leurs arcs, et tout ce qu'ils possédaient. Quelque temps après, les femmes des Indiens nommés Quevenes arrivèrent, se concertèrent avec les Aguenes, et firent la paix ; cependant les femmes sont parfois la cause des guerres. Dans leurs inimitiés particulières ils se tuent en trahison pendant la nuit, et commettent les plus grands actes de cruauté ; mais cela n'a pas lieu entre parents[139]. »

Réciprocité négative entre les hommes, dont le rapt des femmes peut être le motif, mais réciprocité positive par les femmes grâce aux alliances matrimoniales. Nous sommes ici au contact du réel avant même que le rite ne permette de se

---

139. *Ibid.*, p. 93.

représenter la réciprocité négative en une chimère dont l'esprit peut être retenu dans la parole ou le souffle du prêtre.

Pour ce qui nous importe, citons ce bref extrait qui relate la naissance des néophytes chrétiens :

> « […] lorsqu'il arrivait des malades pour se faire guérir, les Indiens qui nous accompagnaient prenaient les flèches, les chaussures, les coquillages des nouveaux arrivés... »

C'est presque un rite de baptême :

> « venaient nous les présenter, puis ils introduisaient les malades, qui, aussitôt que nous les avions soignés, s'en allaient en disant qu'ils étaient guéris. Nous laissâmes ces Indiens, et nous allâmes chez d'autres qui nous accueillirent fort bien. Ils nous amenaient les malades, nous faisions le signe de la croix et ils disaient qu'ils se portaient bien. Ceux même qui souffraient encore prétendaient être guéris. Ce que leur racontaient les gens que nous avions soignés les rendait si joyeux, que leurs danses et leurs fêtes nous empêchaient de dormir[140]. »

Nulle part Cabeza de Vaca ne prétend que les malades sont guéris, sauf quand ils le sont, mais partout il précise qu'ils se disaient guéris ou qu'ils prétendaient se porter bien.

La nudité de Cabeza de Vaca et sa stature de Dieu, jointes à une force de la nature hors du commun et à une intuition audacieuse qu'il appelle témérité, lui ont permis de saisir toute occasion de procéder à l'imposition des mains et au signe de la croix pour focaliser la foi des Indiens sur lui-même, ce qui lui a donné un pouvoir "religieux". De colporteur, médecin et prêtre, il devient "messie", à la tête d'une indianité chrétienne qui fait corps avec lui et qui lui permet, de village en village, de traverser le continent de l'océan atlantique à l'océan

---

140. *Ibid.*, p. 99.

pacifique, où ses forces devront se disperser, désagrégées par son contact soudain avec des Indiens terrorisés, fuyant les troupes espagnoles à la solde de Cortés. Mais, en attendant, il s'est autorisé à entendre, de façon certes empirique mais vécue, la nature de la foi.

Mais nous n'en avons pas fini avec la réciprocité collective, que nous appelons "communion". Et c'est encore Álvar Núñez Cabeza de Vaca qui nous permet de préciser un autre objet dont le concept oppose l'Indianité à la Chrétienté : la propriété.

> « Nous quittâmes ces Indiens et nous nous rendîmes à un grand nombre de cabanes, où les naturels qui voyageaient avec nous tinrent une conduite toute nouvelle. Les habitants nous reçurent le mieux du monde ; alors les nôtres [il s'agit des Indiens qui escortent Cabeza de Vaca] commencèrent à les maltraiter, ils leur prenaient ce qu'ils possédaient et ne laissaient rien dans leurs maisons. Nous fûmes extrêmement peinés de voir traiter ainsi des gens qui nous accueillaient si bien, craignant que cette manière d'agir n'occasionnât des querelles ; mais nous ne pouvions l'empêcher, et nous n'osions pas punir les coupables. Nous fûmes donc obligés de le supporter, jusqu'à ce que nous eussions acquis plus d'autorité sur eux. Ces mêmes Indiens, qui perdaient ce qu'ils possédaient, nous disaient, pour nous consoler, de ne pas nous affliger de ce qui leur arrivait ; qu'ils étaient si contents de nous avoir vus, qu'ils regardaient ce qu'ils avaient perdu comme bien employé, et que d'autres naturels, qui étaient fort riches, compenseraient cette perte[141]. »

Le même événement se reproduit peu après dans une autre communauté :

---

141. *Ibid.*, pp. 99-100.

« Quand nous arrivâmes, les naturels qui étaient avec nous volèrent les autres. Les gens que nous allions voir, au courant de la coutume, commencèrent à cacher ce qu'ils possédaient ; mais, après nous avoir reçus avec beaucoup de réjouissances, ils s'en allèrent de bon cœur chercher ce qu'ils avaient caché, et vinrent nous le présenter. C'étaient des coquillages, de l'ocre et quelques petites bourses d'argent. Suivant notre usage, à l'instant même, nous donnâmes tout cela aux Indiens qui nous suivaient. Ceux-ci commencèrent aussitôt leurs danses et leurs fêtes, et envoyèrent chercher les Indiens d'une autre peuplade pour qu'ils vinssent nous voir. Ils arrivèrent le soir, et nous apportèrent des coquillages, des arcs et d'autres objets que nous distribuâmes à l'instant[142]. »

Relevons le mot *coutume*. Nul ne peut posséder de façon inutile une chose dont autrui aurait immédiatement l'usage. Cela ne veut pas dire que la propriété n'existe pas, mais elle ne peut être définie que par l'usage et en fonction du besoin. Par conséquent, si des Indiens entrent dans une maison où se trouvent des objets dont ils ont l'usage, et qui manifestement sont en déshérence ne serait-ce que momentanément, ils sont en droit de les prendre pour s'en servir.

Cabeza de Vaca a compris la coutume car quoiqu'on lui donne en signe de reconnaissance, il le distribue, dit-il, séance tenante aux Indiens qui l'accompagnent, mais eux-mêmes invitent immédiatement d'autres peuplades pour redonner ou partager, car ils ne peuvent se les *approprier* qu'à la condition de les *consommer*. Il s'agit ici d'instruments de fête, et la fête est immédiatement associée à la consommation de la propriété. La consommation de la propriété détruit alors systématiquement l'accumulation primitive. Ce que l'on appelle le "vol", dans les sociétés occidentales, n'est autre ici

---

142. *Ibid.,* pp. 100-101.

qu'une forme de don généralisé (le vol-don) et l'obligation de prendre, qui rivalise avec celle de donner pour établir une *réciprocité de communion* intégrale.

Marshall Sahlins a vu dans ce mécanisme un obstacle à l'investissement productif, et par conséquent au développement économique de la société. Ce n'est pas si simple. Nous avons discuté ce point de vue[143]. Rien n'empêche que la réciprocité généralisée ne devienne productive, parce que pour danser et chanter, il faut encore produire les instruments nécessaires ! Le vol est donc généralisation du don ; mais on peut aller plus loin : c'est la *privatisation* des objets qui constitue par rapport au don généralisé un retrait injustifié que l'on peut appeler, avec les Indiens cette fois, "vol" ; ce que reconnaît aussi Sahlins.

La *propriété* existe, mais elle ne peut être retenue, ni limitée. Celui qui a besoin prend, mais ne prend que pour autant qu'il doit prendre pour festoyer en commun ou redonne, sous peine de n'être qu'un animal. Il est impératif de prendre pour rétablir l'égalité de l'union primitive. Dans ces communautés, il est alors impossible de prendre quelque chose et de le garder pour soi. C'est là donc un effet du quiproquo historique que les uns appellent *vol* ce qui est *don* pour les autres.

Cette coutume est cependant relativisée dans les communautés d'agriculteurs où l'on semble cacher ce que en réalité on protège dans des greniers pour le redistribuer aux temps de disette, et c'est là une différence de *coutume* entre le nomade et le sédentaire. Cela nous amène à comprendre que dans les communautés primitives, tout est à tous, et que le

---

143. Cf. D. Temple, *Lévistraussique : La réciprocité et l'origine du sens* (1997), rééd. Collection *réciprocité* n° 6, 2017.

principe de l'économie domestique est la communion – et que le sentiment qui naît de la relation de tous à tous est indivis : Dieu.

Si donc l'un se dit *envoyé de Dieu* au nom d'une communauté universelle qui surplombe la réciprocité négative qui divise les communautés entre elles, celui-là est manifestement *attendu* par toute la société. Pour tous les Indiens, l'objectif est d'apporter à ce témoin toutes les vivres possibles pour lui permettre d'assurer la redistribution pour tous. Aussi font-ils converger tous leurs biens vers lui pour la *redistribution* et actualiser la Parole de Dieu.

Cabeza de Vaca constate la chose, et tant qu'il sera chez les Indiens, il respectera leur coutume. Où les choses prennent une autre tournure, c'est lorsque le vol-don n'est pas réciproque et que l'une des parties, s'emparant de la richesse, interdit son usage à l'autre lorsque celui-ci en a besoin. La *propriété* n'est plus définie en fonction de son usage par celui qui participe de la réciprocité, mais par la *privatisation*. La contradiction de la notion du vol-don et du vol-privatif témoigne aussi du quiproquo historique.

Reconnu par les prêtres traditionnels d'une communauté, Cabeza de Vaca reçoit en hommage leurs calebasses sacrées, dont il apprécie sinon le sens du moins le prestige, qui lui assure une puissance supérieure. Ces calebasses sont les tabernacles des esprits engendrés par la réciprocité de vengeance : les simulacres des têtes ennemies dans les rituels de réciprocité négative. C'est donc au plus haut statut religieux que sont élevés les Espagnols puisque ce sont les prêtres indiens eux-mêmes et pas seulement les communautés qui leur rendent leurs pouvoirs.

« Lors que nous arrivâmes près des habitations, tous les naturels sortirent pour nous recevoir. Ils paraissaient très satisfaits et se livraient à leur divertissement. Deux médecins nous donnèrent deux calebasses, et depuis lors nous les portâmes avec nous. Nous augmentâmes beaucoup notre autorité en portant ces calebasses, qui chez eux sont des insignes très respectés. Ceux qui nous accompagnaient pillèrent les maisons ; mais, comme ils étaient peu, et les maisons nombreuses, ils ne purent emporter tout ce qu'ils prirent, et perdirent la moitié de leur butin[144]. »

De communauté en communauté, c'est toujours la même scène de triomphe religieux, éventuellement de vol-don, interprété alors comme "butin".

« Nous quittâmes ces Indiens, et nous traversâmes un si grand nombre de peuplades, de langues différentes, que la mémoire ne pourrait suffire à les rappeler. Ces gens se volaient les uns les autres ; et ainsi les volés étaient aussi contents que les voleurs[145]. » (sic)

Du partage, Cabeza de Vaca nous enseigne comment on passe à la redistribution. Tous marchaient en avant, et « formaient deux ailes », qui chassaient et nourrissaient la petite escorte :

« Enfin, quand ils tuaient quelque animal que ce fût, ils le portaient devant nous sans oser y toucher avant que nous l'eussions béni, au risque de mourir de faim : c'est un usage qu'ils avaient adopté depuis qu'ils étaient avec nous. Les femmes apportaient beaucoup de nattes, dont on faisait une cabane à chacun de nous en particulier, et pour ceux que nous connaissions. Aussitôt qu'elles étaient construites, nous donnions l'ordre de faire rôtir les cerfs,

---

144. Cabeza de Vaca, *op. cit.*, p. 103.
145. *Ibid.*, pp. 104-105.

les lièvres et tout ce qu'ils avaient pris. Cela se faisait très vite, dans des fours qu'ils préparaient à cet effet. Nous goûtions un peu de tous ces aliments, puis nous les remettions aux chefs qui nous accompagnaient, afin qu'ils les distribuassent à leurs gens. Chacun venait à nous avec sa portion pour nous prier de souffler dessus et de la bénir, autrement ils n'en auraient pas mangé. Souvent nous avions avec nous de trois à quatre mille personnes, ce qui nous donnait un mal extrême, car chaque individu venait nous faire faire le signe de la croix et souffler sur ce qu'il voulait manger ou boire, ou nous demander permission pour faire tout autre chose[146]. »

Et cette longue procession se poursuit longtemps. Même lorsqu'ils sont arrêtés par des montagnes où les conditions de vie deviennent difficiles.

« On vint nous y recevoir de fort loin, et nous fûmes accueillis comme nous l'avions déjà été. Les Indiens firent tant de présents à ceux qui nous accompagnaient, que, ne pouvant pas les emporter tous, ils en laissèrent la moitié. Nous dîmes à ceux qui avaient fait ces présents de les reprendre dans la crainte qu'ils ne fussent perdus. Mais ils nous répondirent qu'ils ne voulaient pas le faire parce qu'il n'était pas dans leur usage, une fois qu'ils avaient donné quelque chose, de le reprendre ; que ces objets n'avaient plus de prix pour eux, et ils les laissèrent perdre[147]. »

C'est dire aussi que la valeur des choses ne tient pas à leur utilité si celle-ci n'est pas nécessaire, et que hors de son usage immédiat par tous, une chose n'a de prix que pour avoir été offerte. La *valeur* est donc tributaire du geste de donner, et celui-ci n'a de valeur que d'être reçu par celui à qui il s'adresse. L'objet est un symbole de la valeur affective créée par la

---

146. *Ibid.*
147. *Ibid.*, p. 107.

relation de réciprocité, fût-il un objet précieux qui sert à la fête ou à la danse. L'idée que matériellement la chose puisse se perdre, inquiète encore Cabeza de Vaca, mais la réponse qui consiste à dire merci paie les Indiens de leur générosité. C'est alors que doit être apprécié ce que l'on nomme *valeur*, selon que celle-ci est l'expression du sentiment éthique créé par la réciprocité ou qu'elle est rapportée à l'utilité de l'objet qui peut être possédé à toutes fins utiles et pour un usage ultérieur par celui qui se l'attribue en fonction de son intérêt[148].

Face aux montagnes inconnues qui se dressent devant eux, les Indiens des plaines s'arrêtent, et leur foi vacille. Ils ne veulent plus suivre Cabeza de Vaca, qui les presse de l'accompagner dans une aventure hors des limites de leur territoire.

> « Cependant nous persévérâmes dans notre dessein ; il s'en défendirent le mieux possible, ce qui nous fâcha. Le soir, j'allai coucher dans la campagne, et fort loin d'eux ; mais ils vinrent aussitôt où j'étais. Ils passèrent toute la nuit sans dormir, et ils me disaient avec beaucoup de timidité combien ils étaient effrayés, qu'ils nous priaient de ne plus être fâchés : que, quand même ils devraient mourir en chemin, ils nous conduiraient où nous voulions aller. Cependant, comme nous avions toujours l'air d'être fâchés, pour qu'ils ne se rassurassent pas, il arriva une chose fort extraordinaire : dans la nuit, un grand nombre tombèrent malades, et le lendemain huit hommes moururent. Le bruit s'en répandit dans tout le pays : nous inspirions tant de terreur parmi ces gens, qu'ils semblaient craindre de mourir en nous regardant. Ils nous supplièrent de ne ne plus être en colère, et de ne pas permettre qu'ils mourussent. Ils étaient persuadés que nous les tuions par

---

148. Cf. D. Temple, « Valeur et réciprocité » (2012), en ligne sur le site de l'auteur.

notre seule volonté, et véritablement nous étions aussi affligés de leur mort qu'on peut l'être ; car, outre ceux que nous avions perdus, nous craignions de voir mourir tous les autres, ou que la terreur leur fit prendre la fuite, ou que la même chosa arrive chez tous les habitants du voisinage, lorsqu'ils apprendraient ce qui s'était passé[149]. »

La question de la foi rebondit devant les montagnes. Non seulement elle sauve, mais elle tue ! Le sentiment, auquel nous donnons le titre de *conscience affective*, et ici de foi, est le sens propre du Soi qui se reconnaît lui-même, mais il enveloppe la totalité du corps : il n'est pas séparé du corps, il est le fruit de l'interaction de toutes les énergies du corps avec la nature placée sous le contrôle de la relation entre les hommes. On imagine donc aisément que si aucune médiation ne vient rompre l'interaction intersubjective des hommes entre eux, cette conscience affective exerce sa souveraineté sur toute autre fonction psychique.

Seule la médiation de la conscience objective pourrait surmonter la foi puisque c'est la foi le nom de cette émotion absolue. Mais ici cette médiation n'existe pas encore. La foi se consume dans la célébration que Cabeza de Vaca appelle leurs "divertissements", et qui sont en réalité des actions de grâce, chants, danses. C'est là que s'épuise cette énergie. La célébration peut durer plusieurs jours, mais si la parole vient à faire défaut, alors c'est le Rien qui se présente à la place de Dieu.

Cabeza de Vaca contrarié s'est éloigné, il est allé dormir seul loin dans la campagne. Et lorsque les Indiens le rejoignent et font amende honorable, il refuse de leur parler, l'air fâché. Dès lors, c'est le vide sidéral de la parole, qui n'est autre que le néant spirituel. Certains d'entre ces hommes, qui

---

149. Cabeza de Vaca, *op. cit.*, pp. 107-108.

ont cru à la vie du Ciel dans une expérience mystique, meurent. Il n'est pas besoin d'idéologie religieuse ou métaphysique ou d'explications rationnelles pour saisir l'enjeu du drame. Il est inscrit dans la qualité de la relation humaine, celle des "prestations totales" de la réciprocité primordiale où les hommes franchissent le seuil de la nature pour entrer dans le domaine de l'Esprit, où les sentiments sont des consciences dont la raison est purement éthique. Et, ici, la foi en est l'expression parce que nous sommes dans une relation de réciprocité collective où le sentiment en question n'appartient à personne en propre et se trouve suspendu à la seule parole de celui qui parle au nom de tous. Or, celui-ci s'est mis à l'écart et s'est tu. Et ce silence est meurtre.

Cabeza de Vaca conclut ses observations avec des mots auxquels il ne donne pas le même sens que nous leur donnons, mais qui valent d'être notés :

> « Ils communiquaient leur frayeur à tous les autres Indiens qui venaient nous voir, afin qu'ils nous donnassent ce qu'ils possédaient ; parce qu'ils savaient que nous ne gardions rien pour nous, et que nous remettions tout aux gens qui nous accompagnaient. Ces Indiens sont les meilleurs que nous ayons rencontrés dans tout le pays, ils nous obéirent mieux que tous les autres[150]. » (sic)

La suite de sa *Relation* se résume, selon notre point de vue, en quelques lignes. Cabeza de Vaca rencontre des Indiens qui connaissent l'or mais dont l'un porte aussi au cou une boucle de ceinturon en fer qui a forcément appartenu à un Espagnol. Puis, il croise des Indiens terrorisés, « fuyant les chrétiens » (les troupes de Cortés qui s'est emparé du Mexique). Les derniers contacts avec les communautés le conduisent à adresser au roi d'Espagne cet avertissement, qui lui vaudra

---

150. *Ibid.*, p. 108.

d'être choisi plus tard pour conduire la reconquête du Paraguay.

> « Ils apportèrent des couvertures qu'ils avaient sauvées des mains des chrétiens, et nous les donnèrent. Ils nous racontèrent que ceux-ci ayant pénétré dans le pays, avaient détruit et brûlé les villages, emmené la moitié des hommes, toutes les femmes et les enfants, et que ceux qui avaient pu s'échapper étaient encore en fuite. Nous les voyions si effrayés qu'ils n'osaient s'arrêter nulle part, encore moins travailler la terre ; ils n'y pensaient même pas. Ils semblaient décidés à se laisser mourir, préférant finir ainsi que d'être traités aussi cruellement qu'ils l'avaient été. Ils paraissaient nous voir avec beaucoup de plaisir, cependant nous craignions qu'en arrivant chez les naturels qui étaient près des chrétiens, et en guerre avec eux, ils ne se vengeassent sur nous en nous maltraitant. Lorsque Dieu nous permit d'y arriver, ces Indiens eurent pour nous la même crainte et le même respect que les autres ; ce dont nous ne fûmes pas faiblement étonnés. Ce qui montre à l'évidence que pour convertir tous ces gens et les amener à se soumettre à Votre Majesté impériale, il faut les traiter avec douceur : c'est un moyen très sûr, et c'est le seul ! [151] ».

Revenons au *quiproquo économique* car nous ne prétendons pas étudier l'*interface* de la société occidentale et de la société amérindienne – ce qui exigerait que soit pris en compte le rapport entre le réel et l'imaginaire de chacune des deux civilisations et le rapport également de la réciprocité positive et de la réciprocité négative – mais seulement le *quiproquo* entre la réciprocité positive et le libre-échange, qui enraye l'évolution de la société dans une voie sans issue.

---

151. *Ibid.*, pp. 115-116.

Que se passe-t-il donc au Paraguay en 1540, quand arrive le nouveau gouverneur Álvar Núñez Cabeza de Vaca, puisque celui-ci n'ignore pas le mode de vie des communautés indiennes ?

Cabeza de Vaca décide d'atteindre la colonie d'Asunción par voie de terre. Il débarque au Brésil et marche sur Asunción par la forêt en profitant de son expérience pour se concilier les Indiens. Il y parvient sans peine. Les Franciscains, dont il s'est fait accompagner, ouvrent la route, et leur succès s'explique aisément : ils sont un ordre de la pauvreté où la propriété collective et la communion sont la règle, et où la conscience commune est la foi. Ils disposent du langage de la foi – le langage des miracles – et ils franchissent l'obstacle de la réciprocité négative en parlant au nom d'un Dieu unique. On peut se risquer à dire qu'ils ne sont pas des inconnus mais des bienvenus : ils sont utilisés, en quelque sorte, par Cabeza de Vaca comme la clef de l'alliance avec les communautés indiennes. Mais derrière eux, c'est une armée qui s'avance.

Cabeza de Vaca a retrouvé son statut de chef politique et militaire Et la foi des Franciscains, qui nous semble de même nature que la foi indienne, n'est pas la même que la foi des "chrétiens" réduite à un instrument de leur politique. Bientôt d'ailleurs les Franciscains mettent une certaine distance entre eux et la troupe.

> « Cependant les deux moines, frère Bernaldo de Armenta et frère Alonso Lebron, allaient en avant pour s'emparer des vivres, et quand le gouverneur et son monde se présentaient, les Indiens n'avaient plus rien à leur donner. La troupe s'en plaignait, car cela était souvent arrivé. Cabeza de Vaca enjoignit aux religieux de ne plus le faire, et de ne pas emmener avec eux des Indiens de tout âge, gens inutiles qu'ils nourrissaient. Ils refusèrent de se conformer à ses ordres ; alors toute la troupe voulut les

chasser, et on l'aurait fait si le gouverneur ne s'y fût opposé, parce qu'il s'agissait du service de Dieu et de Sa Majesté[152]. »

Nous ne pourrions pas interpréter ces lignes si nous ne connaissions l'aventure de Cabeza de Vaca en Floride. C'est son odyssée qui nous permet de comprendre que les Franciscains reproduisent son expérience par le don et la redistribution, mais surtout, qu'ils offrent une espérance de réciprocité collective généralisée (la communion) à des communauté dont la conscience, ici la foi, est fascinée par les signes et les prières des prêtres.

Les gens suivent les Franciscains qui ne réservent rien en vue d'un autre usage que leur consommation immédiate, tandis que la troupe espère bénéficier des mêmes avantages pour accumuler des vivres sans participer ni à leur production, ni même assurer la protection des populations comme elle aurait pu le faire. Et les Espagnols doivent alors soumettre les Franciscains par la force.

L'ordre de la pauvreté (les Franciscains) peut instaurer la réciprocité positive sans avoir rien de matériel à offrir. Mais ils sont les auxiliaires des militaires de l'*adelantado*[153] du Roi, qui, lui, dispose des symboles de la richesse, et qu'ils peuvent distribuer en son nom. Et c'est cette complémentarité dont bénéficie Cabeza de Vaca au Paraguay en faisant accompagner et précéder des Franciscains sa colonie de mercenaires.

---

152. *Ibid.*, p. 151.

153. Au XVIe siècle, l'*Adelantado* (sénéchal) est un homme autorisé par le Roi d'Espagne à explorer et à coloniser une partie du Nouveau Monde dont il est nommé Gouverneur : à la tête des forces armées, il est aussi à la tête de tout l'exécutif civil.

Pour le moment, Cabeza de Vaca n'est plus l'homme contraint à endosser le statut de saint ou de messie par les Indiens mais contraint par la troupe à retrouver le statut du conquérant. C'est à la troupe qu'il commande, et qu'il doit sa puissance, et non plus aux gens qui suivent les Frères...

> « À la fin, ils [les Frères] quittèrent la troupe, et ils prirent un autre chemin contre la volonté du gouverneur. Celui-ci les envoya chercher dans un village d'Indiens où ils s'étaient réfugiés ; et il est certain que s'il ne les eût pas fait prendre et ramener, ils auraient été exposés à de grands dangers[154]. »

Quel danger ? Celui des Indiens qui les accueillaient, ou celui de la troupe espagnole ? L'auteur se tait. Quoiqu'il en soit, la campagne de Cabeza de Vaca reste un triomphe grâce à la générosité des Guarani dont l'hospitalité ne se dément pas tant que les nouveaux venus se présentent pacifiquement, c'est à dire sous les ordres et sous la main de fer du Gouverneur, qui tient l'égide du don avec le panache que lui vaut la redistribution des vivres... que lui portent les Indiens :

> « Les Guaranis venaient le recevoir sur la route avec beaucoup de vivres, et montraient une grande joie de son arrivée. Il faisait de nombreux présents aux chefs des villages ; jusqu'aux vieilles femmes et aux enfants, tous arrivaient à la rencontre des Espagnols chargés de maïs et de patates. Il en fut de même dans les autres villages de ce pays, qui étaient à une journée de marche ou deux les uns des autres. Tous les habitants arrivaient en portant des vivres, et, bien avant de parvenir aux villages par où l'on devait passer, ils préparaient le chemin, dansaient, et se réjouissaient de nous voir[155]. »

---

154. Cabeza de Vaca, *op. cit.*, p. 154.
155. *Ibid.*

Il est vrai que ces Guarani n'avaient pas encore eu affaire aux Espagnols d'Asunción. Nous sommes au Brésil encore.

Le nouveau gouverneur maîtrise la situation chaotique d'Asunción en emprisonnant les uns et en écartant les autres qu'il envoie en mission, mais la pacification sera impossible car il faut désormais compter avec des communautés guarani soumises à tel ou tel chef espagnol. Dans un premier temps, il semble pourtant qu'il y réussisse en choisissant parmi les communautés indiennes celles qui lui deviennent fidèles pour défaire celles qui se sont rebellées contre ses prédécesseurs, et qui demeurent hostiles. Il n'avait sans doute d'autre choix. Puis il tentera à son tour une expédition de conquête en remontant le fleuve Paraguay. Mais où ses prédécesseurs ont échoué, il échouera aussi. Il ne peut faire vivre une troupe espagnole indéfiniment.

Ulrich Schmídl a participé à son expédition ratée, et nous avons dit comment il jugeait la façon dont les Espagnols traitaient les communautés qui les recevaient lorsque celles-ci n'avaient plus les moyens de leur offrir l'hospitalité. La version officielle du rédacteur de Cabeza de Vaca nous en donne le principe mais dans le langage de la noblesse de ce temps :

> « La troupe était sur le point de se débander et de courir le pays pour se procurer des provisions. Les officiers et les prêtres étant réunis, il [Cabeza de Vaca] leur dit que le danger de la famine dont tout le monde souffrait était si urgent qu'il fallait sans retard y apporter remède si l'on ne voulait succomber, qu'il savait que les Indiens Arianicosis avaient des vivres, de donner leur avis sur ce qu'il y avait à faire. Tous répondirent unanimement qu'il devait envoyer au village des Indiens la plus grande partie de sa troupe, pour qu'elle s'y nourrît, et pour acheter des provisions que l'on expédierait sans délai aux gens qui resteraient au port

avec lui. Que si ces Indiens refusaient d'en fournir en les payant, il fallait les prendre de force, et s'ils s'y opposaient, commencer les hostilités afin de s'en emparer, attendu qu'autrement tous allaient mourir de la famine, et que sur l'autel même il est permis de prendre de quoi se nourrir : tel fut l'avis qu'ils donnèrent et signèrent de leurs noms[156]. »

C'est clair : Cabeza de Vaca est toujours esclave non plus des Indiens mais des Espagnols ! Il a envoyé une mission de reconnaissance sous les ordres du capitaine Hernando de Ribera : cette expédition émerveille encore Schmídl : fleurs, fruits, femmes, mais aussi or et argent... Nous avons déjà cité Schmídl :

« Là nous restâmes quatre jours et le roi demanda alors à notre capitaine quels étaient ses désirs et intentions, qui lui répondit qu'il était à la recherche d'or et d'argent. Le roi des Jerús lui donna alors une couronne d'argent qui pesait un marc et demi, et aussi une petite plaque d'or [...], il lui donna également un bracelet et d'autres choses en argent. [...] Le chef des Ortues donna à notre capitaine quatre plaques d'or et quatre anneaux, de ceux qui se mettent aux bras, tout en argent. Les Indiens portent ces plaques sur le front comme ornement, de la même façon qu'ici, en Espagne, un grand seigneur porte une chaîne en or. Notre capitaine donna au chef des Ortues, en échange des plaques et anneaux, quelques haches, couteaux, rosaires, ciseaux et d'autres choses que nous avions amené de Nuremberg pour faire ces échanges (*rescates*)[157]. »

Cabeza de Vaca n'avait pas rapporté de Nuremberg ces outils précieux, mais d'Espagne, et en quantité considérable parce qu'il en connaissait la valeur aux yeux des Indiens

---

156. *Ibid.*, p. 250.
157. Schmídl, *op. cit.*, pp. 79-83 (cité *supra* p. 69).

depuis son épopée de Floride. Mais bref ! La *Relation* de Schmidl mérite d'être plus longuement citée encore :

> « Nous redescendîmes le fleuve vers où se trouvait notre capitaine général Álvar Núñez Cabeza de Vaca, et quand nous arrivâmes, notre général ordonna que l'on quitte nos navires sous peine de mort, et lui-même en personne vint à notre navire et emprisonna notre capitaine Hernando de Ribera. Álvar Núñez Cabeza de Vaca, notre capitaine général, nous confisqua également toute notre cargaison, et voulu pendre à un arbre Hernando de Ribera, qu'il avait emmené à terre. Mais lorsque nous, qui étions dans le brigantin, l'apprîmes, nous décidâmes de nous mutiner ainsi que d'autres amis sûrs qui étaient sur la terre ferme, afin que notre capitaine Álvar Núñez Cabeza de Vaca libère et laisse libre Hernando de Ribera et nous rende de surcroît tout ce qu'il nous avait pris et volé. Quand il vit notre colère, il le libéra de suite, et nous rendît tout ce qu'il nous avait pris et nous enjoignit de nous apaiser. Vous apprendrez plus loin ce qu'il advint de notre capitaine Álvar Núñez Cabeza de Vaca[158]. »

Cependant, les missions de reconnaissance sous le commandement d'officiers qui ne modifient guère leurs habitudes tournent si mal que les Indiens contre-attaquent et tuent de nombreux espagnols. Face au soulèvement qui se généralise, la pénurie de vivres qui s'ensuit et les épidémies (les "fièvres" qui se développent dans les zones insalubres où s'enlise l'expédition), Cabeza de Vaca est contraint au repli de ses troupes. Ce n'est toutefois pas la question des vivres qui produit la fracture qui le conduit à sa perte.

> « Cabeza de Vaca prit l'avis des prêtres et des officiers, et commença sa retraite. Néanmoins, il ne voulut pas permettre que les chrétiens emmenassent avec eux aucune

---

158. *Ibid.*, p. 84.

des cent filles que les naturels du port des Rois avaient offertes aux capitaines et aux principaux chefs, au moment de leur arrivée, pour qu'elles vécussent avec eux, et pour qu'ils en fissent ce qu'ils avaient coutume de faire avec celles qu'ils possédaient. Le motif de ce refus était d'éviter l'offense que l'on faisait à Dieu en agissant ainsi. Il ordonna aux pères de ces filles, qui, eux-mêmes, les avaient offertes, de les reprendre au moment où l'on s'embarquerait, et de les garder jusqu'à notre retour, ne voulant pas les laisser mécontents ni occasionner un sujet de scandale dans le pays. Pour donner plus de force à ses ordres, il publia une instruction de Sa Majesté, qui défend, sous des peines sévères, à qui que ce soit, d'oser enlever un Indien de son pays. Cette mesure satisfit complètement les naturels, mais les Espagnols en furent désespérés ; c'est pourquoi plusieurs voulurent du mal au gouverneur ; et depuis lors il fut un sujet de haine pour la plupart. Voilà le motif ou le prétexte qu'ils prirent pour se conduire ainsi qu'ils l'ont fait, et comme je le dirai plus loin[159]. »

Domingo Martínez de Irala (gouverneur du Río de la Plata après l'expulsion de Cabeza de Vaca) attestera dans son testament que le viol était devenu l'arme de guerre par laquelle s'établissait une colonie de peuplement raciste[160].

Les colons d'Asunción se sont regroupés derrière Domingo Martínez de Irala. Le coup d'état, aux cris de *Libertad, Libertad* (de l'esclavage, du meurtre et du viol), plonge la ville dans l'anarchie. La région est aussitôt soumise au pillage des mercenaires. Le pays sombre dans le chaos.

---

159. Cabeza de Vaca, *op. cit.*, pp. 262-263.

160. Domingo Martínez de Irala cite dans son Testament (1556) toutes les femmes indiennes dont il a eu des enfants, une nombreuse descendance qu'il installe ensuite comme colons.

Álvar Núñez Cabeza de Vaca sera déféré au Roi d'Espagne sous forte escorte et les fers aux pieds, comme le fut avant lui Christophe Colomb. Puis, accusé sur de fausses déclarations, il demeurera emprisonné huit années.

Alors que Ulrich Schmbídl déclare que les Espagnols étaient reçus par des communautés si grandes qu'il les appelaient des « nations », et qu'il chiffrait chacune de plusieurs milliers ou dizaines de milliers d'hommes (les Timbú : 15.000 hommes, les Coronda : 12.000, les Quiloaza : 40.000, les Mocorete : 18.000, les Mapeni : 100.000).

Quelques années plus tard, le jésuite Antonio Ruiz de Montoya a de la peine à trouver des régions où il puisse rassembler quelques dizaines de familles ou quelques centaines de Guarani pour fonder une *Réduction* :

> « Ici vivaient environ 200 Indiens qui reçurent les Pères avec beaucoup d'amour. Là ils élevèrent l'étendard de la Croix, ils firent une petite hutte pour l'église qu'ils intitulèrent Notre Dame de Loreto[161]. »

Et les Réductions elles-mêmes sont définies comme le rassemblement de familles éparses dans la montagne :

> « Nous appelons *réductions* les villages d'Indiens qui, vivant selon leur antique coutume dans les bois, cordillères et vallons, en des ravins secrets, dans trois, quatre ou six maisons isolées, séparés d'une, deux ou trois lieues ou plus les uns des autres, furent réduits par la diligence des Pères a de grandes populations et à une vie politique et humaine…[162] ».

---

161. Antonio Ruiz de Montoya, *La conquista espiritual del Paraguay*, *op. cit.*, p. 60 (c'est nous qui traduisons).
162. *Ibid.*, p. 58.

C'est avec une parole religieuse que les missionnaires vont à la rencontre des Guarani. Leur premier objectif sera d'arrêter leur fuite, de les regrouper, de les sédentariser dans ce que les Espagnols appelaient *Reducciones,* c'est-à-dire des réserves où devait être développée la "civilisation" mais où l'on ne rencontre en réalité que l'esclavage. Pour faire reconnaître leur autorité, les Franciscains devront affronter les *payé*, à la tête de communautés devenues très sensibles à la parole religieuse ou prophétique, parole qui réconforte ou réanime leur *teko* menacé[163].

On peut reconnaître dans le succès des missions l'effet d'une dynamique réactionnelle : la fuite de l'*encomienda* espagnole (la propriété coloniale sur laquelle les Indiens sont réduits au servage) et la recherche d'une nouvelle "territorialité", d'un nouveau *tekoha* sous la protection des missionnaires. Dans les Réductions, la terre est en effet le bien de tous ; le don et la réciprocité redeviennent les fondements du travail. Les Guarani se rendent compte que le statut de la "terre" est une question capitale puisque sa privatisation conduit à la disparition de leur *tekoha*, et donc de leur *teko*. Et depuis cette époque, ils en ont toujours fait un enjeu crucial de leurs rapports avec le monde occidental.

---

163. « Pour la mentalité espagnole, il était intolérable que la plupart de ces soulèvements soient fomentés par des sorciers (*hechiceros*), hommes qui se disaient dieux ou fils de Dieu. C'étaient les *"payé"*, ces chamans inspirés qui avec leurs danses et leurs chants interminables, dynamisaient et canalisaient symboliquement la désespérance d'un peuple qui se voyait menacé dans la tradition de ses ancêtres, trompé politiquement dans une fausse alliance, et exploité économiquement dans leur don auquel ne répond aucune réciprocité ». Cf. Melià, *El Guaraní conquistado y reducido, op. cit.,* p. 174.

« Pour eux [les Guarani du Paraguay], la terre est un bien commun [...] une source de subsistance qui fut créée pour l'usage de tous. Seul Dieu possède la terre. La culture de la terre, comme le fruit de la terre est la même chose que de créer des enfants. Acheter des terres, par conséquent, serait la même chose qu'acheter l'homme ; ce qui signifierait la perte du concept moral de l'être humain et par suite, de la dignité transcendantale d'être homme[164]. »

Mais il y a un autre motif à cette réussite, un indéniable avantage économique : dans les Réductions, les Guarani acquièrent des haches de fer qui leur permettent de cultiver plus facilement de vastes vergers, de créer de nombreux excédents et de multiplier les fêtes. Les Réductions ne sont donc pas seulement un refuge pour la restauration d'une territorialité guarani mais l'opportunité d'un développement du système de la réciprocité des dons.

« Or, à l'intérieur de cette tendance, on peut lire à l'origine de quelques réductions, l'intérêt que certains caciques montraient pour la formation de bourgades plus grandes et potentiellement plus fortes[165]. »

Les missionnaires réalisent, en quelque sorte, le rêve des *tubicha* : de grands villages où peuvent être organisées des fêtes, des spectacles et où peuvent se différencier de nombreux statuts. Mais l'expérience religieuse chamanique[166], centrée, elle, sur une parole profondément mystique et

---

164. Georg & Friedl Grünberg, *Proyecto "Paî Tavyterã", Programa de Desarrollo de Comunidades Indígenas*, C. C., Asunción, 1975, p. 110.

165. Melià, *El Guaraní conquistado y reducido, op. cit*, p. 198.

166. « La danse rituelle [...] est le lieu où se structurent les plus importantes fonctions chamaniques, où les hommes se disent et deviennent dieux, où se chantent les paroles inspirées, où se professent des menaces cataclysmiques. » Curt Nimuendajú, cité par Melià p. 119.

rituelle : chants, danses et prophéties, se trouve directement menacée par la liturgie et les grandes processions organisées par les missionnaires. « Messies contre messies », s'interrogent même quelques observateurs ?[167].

Les religieux chrétiens s'allient avec les *tubicha* guarani, les caciques ! Mais cette alliance se fait au détriment des *payé*, les chamans. Bartomeu Melià observe :

> « Les lettres qui relatent les premiers pas de fondation d'une nouvelle réduction sont pleines de ces conventions passées entre les missionnaires et un ou plusieurs caciques. [...]
>
> Comme, d'autre part, il arrivait que le cacique se heurte dans sa communauté ou dans ses parages à quelque chaman ou "sorcier" qui, avec ses visions prophétiques et ses appels radicaux à la tradition, s'opposait au pacte colonial, cacique et missionnaire en venaient parfois à se convertir également en alliés pour éliminer le caractère contestataire du "sorcier" qui était marginalisé, et ils parvenaient ainsi à annuler sa possible influence[168]. »

Les missionnaires s'attribuent l'autorité suprême par le don aux caciques des capacités de production qui renforcent leur prestige. En contre-partie, les caciques assurent la défaite des *payé*, et par là-même le succès des références religieuses missionnaires.

Le compromis historique des Réductions n'est pas l'œuvre exclusive des missionnaires. Y contribue la partie amérindienne : la défaite des prophètes fut sans doute celle de chamans religieux devant des caciques politiques qui

---

167. Conscients que les chrétiens représentent une menace pour leur rituel traditionnel, certains chamans n'hésitent pas à qualifier les Pères de nouveaux "*hechiceros*" (sorciers). *Ibid.*, pp. 151-154.

168. *Ibid.*, pp. 198-199.

entendaient poursuivre le développement de la réciprocité positive grâce à la perspective ouverte par les Franciscains. Le compromis comporte une défaite de la Parole "religieuse" guarani devant la Parole "politique" guarani ; et une soumission de la parole "politique" guarani à une parole "religieuse" occidentale, afin d'échapper au servage.

Le Quiproquo masqué

Pour les *encomenderos*, les colons espagnols, la pacification religieuse n'est que l'occasion de rassembler les Guarani dans de vastes camps où il redevient possible de se procurer de la main-d'œuvre sans s'inquiéter de l'entretien de leurs familles. Cette main-d'œuvre est à leur merci. Les missionnaires sont de leur point de vue des "collaborateurs" de la colonisation[169]. Il est vrai que les premières Réductions des Franciscains sont confortées par un accord entre le gouverneur Hernandarias[170], qui conçoit la Réduction comme un complément au système des *encomiendas*, une manière de le perfectionner en évitant les crimes et les abus, et le Franciscain Luís de Bolaños[171] qui accepta que la soumission des Indiens serve l'*encomienda*.

---

169. Cf. Necker, *Indiens guarani et chamanes franciscains, op. cit.*, p. 81.

170. Le gouverneur d'Asunción, Hernando Arias de Saavedra, mieux connu sous la contraction Hernandarias, fut nommé gouverneur intendant d'Asunción, de 1592 à 1594, et à partir de 1593 gouverneur suppléant du Río de la Plata et du Paraguay. Il comprit très vite l'intérêt de la "pacification" des Indiens pour la conquête de nouveaux territoires et le développement économique de ces régions Quant aux Indiens rebelles aux travaux forcés de l'*encomienda*, qui s'étaient révoltés déjà plusieurs fois (1545, 1569, 1575, 1578), ils ne pourraient être "réduits" que par les moyens pacifiques prônés par les religieux.

171. Luís de Bolaños (1549-1629), arrivé avec 22 autres frères franciscains, vers 1575, fut l'un des fondateurs du système des *réductions*, initialement appelées "villages de regroupement" missionnaires. Elles furent d'abord administrées par des *pobleros*, métis qui représentaient dans les villages l'autorité des *encomenderos*. La première des réductions entièrement sous contrôle des Franciscains fut fondée en 1607, deux ans avant la première réduction des Jésuites.

Le point faible des missionnaires est en fait leur dépendance des objets du don grâce auxquels ils acquièrent leur prestige politique. Ces objets, ils ne les produisent pas. Ils sont donc obligés de les obtenir des colons : les colons fournissent les haches de fer et les autres richesses qui orientent le cycle de la réciprocité au bénéfice des missionnaires. Mais ils ne "donnent" pas, ils exigent des religieux une contre-partie. Les colons, en fournissant les objets du "don franciscain", s'octroient une créance qu'ils entendent recouvrir ensuite en force de travail. La Réduction reproduit le *quiproquo* sous le masque missionnaire : le prix du don, c'est le "service personnel".

Dans la rencontre guarani-franciscaine, l'étranger s'avance donc sous le masque du don. Les Franciscains dépendent de l'autorité administrative d'Asunción et de son gouverneur. Ils dépendent surtout de la richesse coloniale. La "pauvreté" des Franciscains se retourne ici contre sa finalité, car pour garder leur titre de grands donateurs vis-à-vis des Guarani, ils sont obligés de passer sous le joug colonial. Même s'ils veulent évangéliser hors du contexte de *l'encomienda*, ils doivent accepter que les colons prennent serviteurs, ouvriers et même femmes dans les communautés qui se mettent sous leur tutelle.

La hache du don

Quelle que soit la Réduction franciscaine ou jésuite, la clef du pouvoir est la même. Alfred Métraux[172] se demande :

> « Pourquoi les Indiens reçurent-ils les Jésuites comme des amis et acceptèrent-ils jusqu'à leur tutelle ? La réponse à cette question n'est pas simple. La politique des Jésuites triompha pour différentes raisons ; mais si nous lisons attentivement les lettres et relations qui nous décrivent leurs premiers contacts avec une tribu sauvage, nous noterons le rôle primordial que le fer joua. [...]
>
> Le fer créa entre ceux qui découvrirent son usage, une tyrannie invincible [...][173]. »

Pour comprendre ce que fut cette révolution du fer, il faut se remettre en mémoire en quoi consiste ce changement de technique en termes de quantité de travail. Voici une description de l'explorateur Up de Graff[174], dans la région où vivent les Aguaruna du Pérou chez lesquels il a résidé à la fin du XIXe siècle, où il décrit l'abattage d'un arbre amazonien avec la hache de pierre :

> « Si vous aviez vu les haches de pierre, maniées d'une seule main, qui sont les seuls outils dont ces gens disposent pour abattre des arbres énormes (dont certains mesurent de un à deux mètres de diamètre), afin d'obtenir

---

172. Alfred Métraux, « La révolution de la hache », *Diogène*, n° 25, Paris, janv.-mars 1959, pp. 32-45.

173. Métraux, cité dans Melià, *El Guaraní conquistado y reducido*, *op. cit.*, pp. 179-180.

174. Fritz W. Up de Graff (1873-1927), cité dans Michaël J. Harner [1972], Trad. franç. *Les Jivaros*, Payot, Paris, 1977.

une clairière (dont la superficie peut aller jusqu'à trois hectares), vous vous demanderiez comment il est possible d'accomplir un tel exploit. C'est un exploit de patience plutôt que d'adresse ; le bois n'est pas coupé, mais réduit en pulpe, avec six ou huit hommes travaillant en même temps, tout autour de l'arbre. La première étape pour faire une *chacra* [de l'espagnol jardin], est d'enlever la végétation touffue des fourrés ; les tiges tendres sont coupées avec des machettes de bois dur ; ce qui peut être arraché par les racines est arraché, et les petits arbrisseaux sont brisés d'un coup sec. C'est alors qu'on s'occupe des arbres les plus grands. On taille un anneau dans le tronc de tous les arbres dans un rayon d'à peu près trente mètres autour d'un arbre géant qu'on a choisi, afin d'amoindrir leur résistance et de les préparer à la traction qui finira par les rompre. Enfin, on s'attaque au géant lui-même : un groupe armé de haches travaille *pendant des jours et des semaines*, jusqu'à ce que vienne enfin le jour où le tronc immense a été suffisamment rongé pour qu'il craque et s'abatte. Mais il ne tombe pas seul, car il entraîne dans sa chute tous les arbres plus petits de l'endroit qui étaient attachés à lui et dont, de surcroît, les branches supérieures se trouvaient liées entre elles par un réseau infrangible de plantes grimpantes [...]. J'ai bien des fois examiné les souches de ces arbres : elles ressemblent en tous points à celles qu'on trouve dans une clairière faite par des castors[175]. »

Les nouvelles techniques, surtout celle du fer, auraient dû permettre aux Guarani d'accroître leur puissance et de faire face aux occupants, de rivaliser avec eux en termes de productivité, du moins. Au lieu de cela, elles les inféodent... mais c'est évidemment le don du fer et non pas le fer, comme le reconnaît finalement Métraux, qui "réduisit" les Guarani.

---

175. Harner, *op. cit.*, p. 172.

Les Guarani se sont inféodés aux donateurs et, loin de retourner contre eux les techniques acquises, ils les ont acceptées comme un don qui les soumettait à leur autorité. Ils sauront d'ailleurs le rappeler un jour aux Jésuites lorsque ceux-ci abandonneront le Paraguay en l'an de grâce 1768[176].

Nombre de relations missionnaires font même état avec une certaine ingénuité du nombre de haches nécessaires pour... pacifier une région !

> « Les caciques voisins se rassemblèrent et vinrent voir les Pères et prendre des haches (ce avec quoi ils se font prendre), parce que la hache étant reçue, ils s'obligent à la réduction [...] ou s'ils veulent s'en aller, à la rendre [...]. En ce même jour, ayant fini de répartir deux cent haches avant de dire la messe, le Père Roque écrivit un billet au Père Pedro Romero (qui fut le dernier qu'il écrivit dans cette vie) dans lequel il disait que cette réduction était comme on pouvait la désirer, et que s'ils avaient eu assez de haches, seraient venus plus de cinq cent Indiens. D'autres atouts, qui peuvent être considérés comme mineurs mais qui probablement exercèrent une influence psychologique considérable sur les Indiens, étaient tous motifs d'attraction. Parfois c'étaient des présents et cadeaux de tissus et objets de métal : couteaux, ciseaux, hameçons, aiguilles... ou bien encore la répartition de nourritures[177]. »

---

176. Les Jésuites furent expulsés du Paraguay et de tous les domaines de la couronne d'Espagne, en 1768, par un décret royal de Charles III. Les Pères n'opposèrent pas de résistance et s'efforcèrent même d'organiser une suite à leur œuvre. Mais dès leur départ ce fut le pillage, la destruction des Réductions et l'anéantissement des Villages de Guarani. Cf. Melià, *El Guaraní conquistado, op. cit.*, pp. 228-230.

177. *Ibid.*, pp. 179-180.

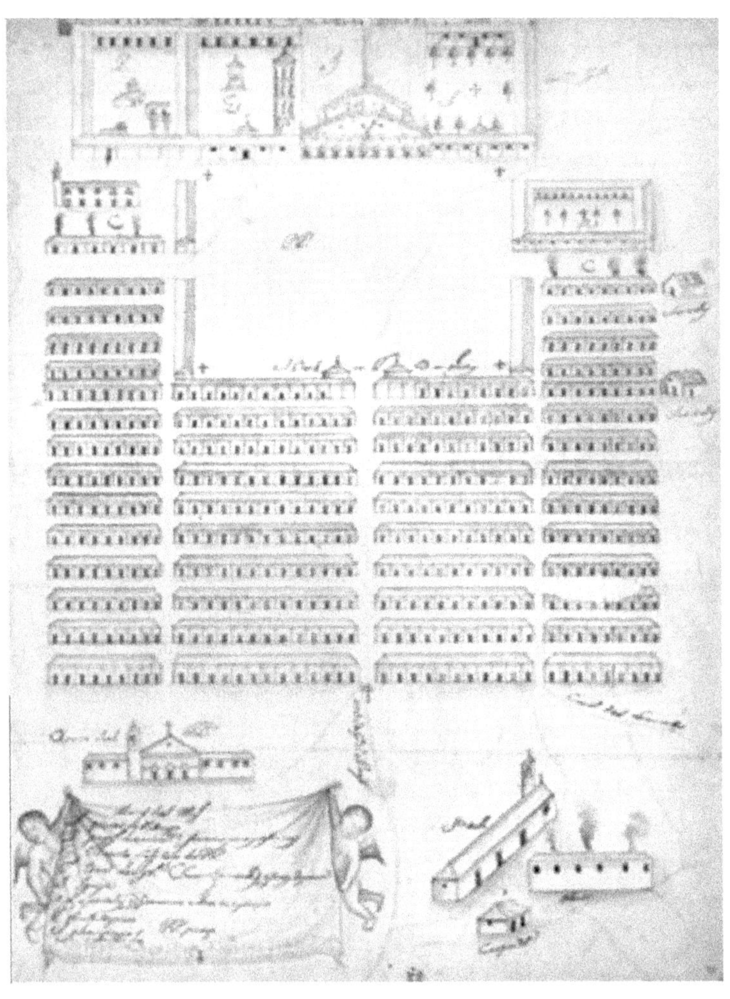

Plano da Redução de São Miguel Arcanjo

XVIIe siècle

(Luiz A. Bolcato, *Missões Jesuíticas : Arquitetura e Urbanismo*).

Les réductions jésuites

Les Jésuites, forts de leur sujétion directe à la couronne d'Espagne[178], pourront affronter le pouvoir colonial en place et refuser aux *encomenderos* l'accès aux Réductions. Ils vont créer un État dans l'État[179], et définir les conditions d'un système de réciprocité qui seront acceptées des Guarani.

> « La protection de l'Indien contre le service personnel qu'exigeaient les *encomenderos*, constituait un principe de base du plan jésuite de la réduction. Les Pères qui s'en allèrent fonder les réductions du Guayrá portaient des instructions précises de leur Provincial Diego Torres Bollo pour que l'entrée d'espagnols dans les villages soit contrôlée et que d'aucune manière on permit que ces derniers ne sortent de *pièces*, c'est-à-dire des Indiens de service[180]. »

---

178. Les missions jésuites ne dépendaient que du pouvoir royal, ce qui les dispensait du paiement de la dîme et leur conférait certains privilèges : autonomie de gestion, propriété des terres, exemption de taxes sur le commerce, etc.

179. Cf. Melià, *Una nación, dos culturas*, cepag, Asunción, 1988, p. 21.

180. Melià, *El Guaraní conquistado y reducido, op. cit.*, p. 180. L. A. Muratori, précise : « Les Espagnols seraient fort charmés d'aller dans les réductions… Ils y porteraient des bagatelles sans valeur, comme des grains de verre ou d'autres choses semblables, qu'ils appellent eux-même des appâts. On sait le profit immense que retirent les Européens de ces bagatelles, chez les peuples barbares de l'Asie, de l'Afrique et de l'Amérique même. Si l'on ne s'opposait aux entreprises de certains Espagnols, ils dépouilleraient bientôt les Indiens de la même manière [...] ». Cf. Ludovico A. Muratori, *Il Cristianesimo felice nelle missioni de' padri della Compagnia di Gesù nel Paraguai* [1743-1749]. Trad. franç. *Relation des Missions du Paraguay*, Paris, 1754, rééd. 1983.

La Réduction jésuite est construite à partir de la distinction de deux secteurs, bien improprement appelés "secteur privé" et "secteur commun".

Le secteur "privé" est celui de la production familiale guarani, traditionnellement communautaire, fondée par le don et la réciprocité, mais ici réduite à la sphère familiale nucléaire – et que l'on retrouve aujourd'hui toujours en vigueur dans les familles de paysans paraguayens. Il ne s'agit pas de secteur privé au sens capitaliste du terme, c'est-à-dire destiné à satisfaire un intérêt égoïste, mais d'un territoire sur lequel chacun exerce souverainement sa responsabilité de producteur-donateur ; un territoire inviolable où l'autorité supérieure de la communauté ne peut empiéter par ses prérogatives sur l'autorité personnelle.

La notion de secteur privé renvoie à la doctrine de François d'Assise fondée sur le don et la réciprocité. Peut-être la conception du "domaine privé" de Thomas d'Aquin n'est-elle pas non plus contradictoire de celle des Guarani, et la conjonction Guarani-Franciscain-Jésuite pourrait-elle s'expliquer parce que le *privé* se définit, pour les uns comme pour les autres, par *le champ de la responsabilité individuelle du don*, et non pas par celui de l'intérêt privé.

Le secteur dit "commun" regroupe les activités du service public. La production est répartie en fonction des objectifs de la mission. Une part est redistribuée sous forme de fêtes religieuses prestigieuses, une part est reversée en tribut à l'État. Le travail est, chez les Guarani, travail-pour-autrui, travail-pour-le-don.

Le don du travail est de la responsabilité du producteur. Sa raison en est la dignité ou le prestige du donateur. Hors de cette relation entre le don et le prestige, le travail n'a pas de sens. Les Guarani n'ont pu accepter d'être dépossédés de leur autorité sur le travail que dans la mesure où ils purent se reconnaître comme membres d'une communauté supérieure, une communauté définie comme une communauté de redistribution, et dont le nom, la renommée, leur revenait collectivement (le nom de chrétien). Ils crurent que ce nom-là leur appartenait et que les missionnaires étaient leurs nouveaux responsables[181].

Désormais, les Guarani travaillent collectivement sous l'autorité des missionnaires. Chaque producteur ne perd ainsi de son prestige personnel que pour le retrouver sous une forme collective dans une représentation religieuse. Les valeurs de prestige obtenues par un tel don ont seulement ceci de particulier qu'elles s'expriment dans un imaginaire étranger. Et puisqu'ils retrouvent du prestige dans le nom de chrétiens, les Guarani vont l'honorer.

C'est au niveau de la parole que les sentiments produits par la réciprocité primordiale doivent être reconnus pour être pérennisés, et c'est notamment par l'apprentissage des langues autochtones que les missionnaires accèderont à cette reconnaissance définitive.

Ce fut ici la grande œuvre des Jésuites du Paraguay, et en particulier celle de Antonio Ruiz de Montoya (1585-1652), l'auteur de la *Consquista espiritual del Paraguay* (1639) et du premier dictionnaire guarani-espagnol : *Tesoro de la lengua guarani*[182].

---

181. « Le Guarani de la réduction serait devenu une nouvelle réalité socio-culturelle et religieuse ». Melià, *El Guaraní conquistado y reducido, op. cit.*, p. 190.

182. Antonio Ruiz de Montoya, *Tesoro de la lengua guaraní*, éd. par Juan Sanchez, Madrid, 1639.

S'explique alors comment les Guarani ont pu être les auteurs de cet art splendide des Réductions jésuites, empruntant au baroque colonial mais l'enrichissant d'une présence naïve qui donne aux églises et aux statues qui restent de cette époque une fraîcheur et une jeunesse particulière[183].

183. Cf. Ticio Escóbar, *Una interpretación de las artes visuales en el Paraguay*, Centro Cultural Paraguayo Americano, Asunción, 1982.

Au départ des Jésuites, aucun Guarani ne pourra faire preuve d'assez d'autonomie et d'initiative pour assurer leur succession. Selon Branislava Susnik, le désarroi fut tel que devant la menace de privatisation de leurs terres, ils pensèrent que leur *teko* était définitivement perdu et s'enfuirent, parfois en abandonnant tout y compris leurs familles. Ce fut, d'un coup, un chaos généralisé. Personne ne fut en mesure de traiter avec les autorités coloniales de Buenos Aires.

Si les Guarani surent défendre leurs Réductions contre les attaques armées des Espagnols et des Portugais[184], ils furent incapables d'affronter la privatisation des terres par l'administration coloniale. Cet effondrement montre à quel point les Guarani avaient perdu le contrôle politique de leurs institutions. Ils avaient été, en réalité, placés sous "tutelle".

La doctrine des missions a été parfois comparée à celle du communisme. Il y a en effet un aspect collectif de la production et de la redistribution, et un déni de responsabilité par le pouvoir religieux, qui peut être comparé à la collectivisation des systèmes communistes. Les commentateurs qui font ce rapprochement permettent de

---

184. Par le "Traité de Madrid" de 1750, l'Espagne donnait au Portugal toute la rive gauche du Haut-Uruguay. Les sept Réductions orientales, contenant une population de 30.000 âmes, devaient être "abandonnées". Face à l'expropriation de leurs terres, les Guarani s'insurgent, écrivant de nombreuses lettres au roi qui reste sourd à leurs suppliques, puis ils s'organisent pour défendre eux-même leurs Réductions. Début 1756, les troupes coloniales (les Espagnols se sont alliés aux Portugais) écrasent les Guarani : des milliers d'Indiens sont massacrés et les survivants s'enfuient dans la forêt.

souligner ceci : la collectivisation décapite les producteurs-donateurs de leur responsabilité, de leur prestige personnel et de l'autorité politique qu'ils méritent. Mais les différentes formes du communisme que nous avons connues ne font aucune part au prestige, au nom, à la gloire. Elles se contentent d'une redistribution matérielle. Elles réduisent en fait la redistribution à un échange collectivisé. Elles prétendent imposer par la nationalisation des moyens de production, l'égalité. Elles entendent par cette égalité supprimer toute autorité transcendante, comme celle-là qui fut apportée aux Guarani par la parole religieuse des Jésuites.

Au contraire, les Jésuites reconnurent que le don des Guarani méritait de se traduire par une dignité supérieure. Cette dignité, ils l'ont exprimée par la liturgie, les fêtes, les danses, les chants, les arts. Les Jésuites voulurent exprimer un prestige guarani dans des catégories chrétiennes. La dépense gratuite des Guarani fut métamorphosée en gloire du nom, du nom de Dieu, du nom du Christ, du nom de Marie. En ce sens, les Réductions sont fort différentes des expériences communistes modernes. Les Jésuites n'ont pas tant détruit les valeurs de renommée guarani qu'ils ne leur ont donné un autre visage.

> « On sait par des sources ethnographiques que la valeur culturelle la plus importante des Guarani est la religion, dans laquelle se structure son mode d'être authentique et spécifique. Sa religion est une religion de la parole "rêvée" et dite par les chamans, et psalmodiées en "prière" au cours de danses rituelles fort longues. [...] La religion de Jésus Christ, qui était aussi une religion de la parole au XVIe siècle, en pleine culture et style européen baroque, était une parole localisée de façon préférentielle dans le temple et s'appuyait énormément sur la représentation plastique – peinture et sculpture –, à tel point que, pour

beaucoup de missionnaires, un peuple comme le peuple guarani, qui ne montrait ni temple ni idoles, n'avait pratiquement pas de religion[185]. »

« Or [dit encore Melià] la religion guarani n'était pas une religion du temple ni de l'image ni du culte, moins encore une religion du livre, mais une religion de la parole, rien que de la parole. Et c'est pourquoi l'affrontement le plus dur au début de la mission a été entre le missionnaire et le mage-chanteur, le *payé*. Il ne faut pas confondre chez les anciens Guarani, le chef *tubicha* et le meneur du chant et de la danse qui est souvent sorcier. Les missionnaires ont respecté les premiers, qu'ils ont même incorporés à l'organisation sociale des réductions, ils se sont attaqués aux seconds. En fait, l'opposition proprement religieuse venait de ces derniers [...]. Du sein des réductions, il fallait éliminer les chanteurs. Ce serait devenu possible grâce au remplacement du chaman par le missionnaire, remplacement que celui-ci peut ne pas prendre au sérieux, mais qui n'en a pas moins été réel[186]. »

« La réduction [conclut Melià] ne réalisait pas au sens propre une conversion de la religion guarani, mais une substitution[187]. »

Retirer à autrui le droit ou la possibilité d'exprimer dans son imaginaire les valeurs de l'humanité qu'il crée, sous le prétexte de le faire participer à une humanité déjà constituée, c'est le priver d'un droit fondamental. C'est peut-être pourquoi la civilisation des "Réductions des Guarani" n'a pu se maintenir dans l'histoire.

---

185. Melià, *El Guaraní conquistado y reducido, op. cit.*, p. 202.

186. Melià, *La création d'un langage chrétien dans les réductions des Guarani au Paraguay*, Thèse (miméog), Strasbourg, 1969.

187. Melià, *El Guaraní conquistado y reducido, op. cit.*, p. 202.

Mais il y a peut-être une autre contradiction entre les religieux guarani et chrétiens qui explique l'attitude de la mission. D'un côté une théologie qui interprète une révélation donnée une fois pour toutes dans l'écriture, de l'autre une théogenèse car les danses rituelles, les longues pratiques ascétiques sont ordonnées à l'apparition de la Parole.

Chaque Guarani reçoit en effet une "inspiration divine", une inspiration qui fait de lui un être-parole, mais au prix d'une activité génératrice de cette inspiration. Chaque *pa'i* reçoit de ses pères les hymnes sacrés, mais il ne saurait ni les retenir ni les transmettre si lui-même ne pouvait les re-susciter par sa propre pratique sociale. Pour être inspiré, il faut une discipline, une pratique qui exige à son tour un rapport à *l'autre* particulier, celui de la réciprocité, et qui doit être renouvelé de façon permanente. La tradition orale est contrainte de se ressourcer constamment aux conditions d'origine de la *révélation* elle-même.

Sans doute les deux approches religieuses, jésuite et guarani, s'éloignaient-elles encore davantage l'une de l'autre pour une autre raison qui justifie cette fois que les missionnaires aient eu l'impression qu'il était nécessaire de procéder à une substitution radicale… Ils furent confrontés, en effet, avec un imaginaire qui faisait droit autant à la valeur issue de la réciprocité des dons qu'à celle issue de la réciprocité de vengeance – réciprocité de mort et de meurtre – et, face à l'anthropophagie, ils se trouvèrent devant un problème dont nul ne sut, semble-t-il, découvrir la solution.

Ceux qu'ils nommaient les *hechiceros*, les sorciers, ou prophètes – les *payé* – exprimaient leur sentiment religieux autant sinon plus dans un imaginaire engendré par la dialectique de la vengeance que dans un imaginaire engendré par la dialectique du don. Or, nombreux sont les Guarani qui restèrent fidèles à cet imaginaire de la vengeance.

> « Ils [les chrétiens] devinèrent, cela oui, que l'indien guarani ne pourrait être incorporé ni intégré au système colonial — ne pourrait être conquis ni être réduit, ni politiquement ni religieusement — s'il persévérait dans ces "vices"[188]. »

Quelle est la raison de cette résistance des *payé*, qui pouvait aller jusqu'au sacrifice ? Pour comprendre pourquoi certains Guarani préférèrent la mort au christianisme, il eut fallu découvrir les raisons de la réciprocité négative. Mais ni les Franciscains ni les Jésuites ne surent interpréter la réciprocité de vengeance, et ils décidèrent de la combattre par la force.

> « Avec les années, le système des réductions fut sécurisé, s'étendit et se consolida. Dès la seconde moitié du XVIIe siècle toute résistance active contre lui pouvait être considérée comme éliminée ; du moins ne laisse-t-elle aucune trace de considération dans les archives. […]
>
> Les chamans guarani avaient disparu ou leur influence était totalement neutralisée. À présent, c'est dans les églises que chantaient et dansaient les Guarani, et sur la place régnait le nouvel ordre réductionnel[189]. »

---

188. Melià & Temple, *op. cit.*, p. 133.
189. Melià, *El Guaraní conquistado y reducido, op. cit.*, pp. 184-185.

TROISIÈME PARTIE

LE QUIPROQUO HISTORIQUE CHEZ LES

AZTÈQUES

Les conquérants sont reçus comme des Dieux censés être à l'origine de la réciprocité des dons puis de la réciprocité guerrière. Afin de garder son statut de "fils du soleil" et de plus grand donateur, l'empereur Aztèque offre son empire. Mais les conquérants n'ont d'autre objectif que l'or.

La relation du Quiproquo est ici décrite d'après la version aztèque[190].

---

190. Cf. Georges Baudot & Tzvetan Todorov, (textes choisis et présentés par), *Récits aztèques de la conquête*, (traduits du náhuatl par G. Baudot et de l'espagnol par P. Cordoba), Le Seuil, Paris, 1983.

L'ARRIVÉE DES DIEUX

Une année *Douze-Maison* du calendrier aztèque, 1517 de notre ère, et une année *Treize-Lapin*, 1518, l'expédition de Hernández de Córdoba et celle de Juan de Grijalva, à la recherche des cités de l'or, reconnaissent les côtes du Mexique[191].

En ce temps-là, les Aztèques de Mexico-Tenochtitlán attendaient le retour de Quetzalcóatl, Dieu des arts et de la culture, protecteur de l'antique cité de Tula, lorsque les hommes sacrifiaient des fruits et des animaux, et qui avait été détrôné par Tezcatlipoca, Dieu de la Nuit-Étoilée, le *Guerrier*, à qui l'on sacrifiait "le plus beau" des prisonniers.

Or, ils voient s'approcher du Mexique, venus de par-delà les portes du ciel, sur des collines flottantes, des êtres inconnus, les uns noirs, les autres blancs, portés par des chevreuils géants, entourés de jaguars célestes. Ces êtres tuent d'une mort que nul ne voit venir, une mort à distance. Ils maîtrisent la foudre. Ils sont protégés de manteaux invulnérables. Les voici, les Dieux.

---

191. Les premiers Espagnols à avoir été aperçus faisaient partie des expéditions préliminaires à l'entreprise de Hernán Cortés, soit les voyages d'exploration de Francisco Hernández de Córdoba et de Juan de Grijalva (1517-1518). Cf. Baudot & Todorov, *op. cit.*, p. 51.

Des Aztèques intrépides montent néanmoins à bord des navires, puis vont rapporter leur découverte à l'Empereur Motecuhzoma II :

« Oh ! notre Seigneur, mon honorable Jeune Homme, ôte-nous la vie, car voici ce que nous avons vu, voici ce que nous avons fait, puisque là où tes aïeux montent la garde pour toi, devant l'eau divine, nous sommes allés voir nos seigneurs, les Dieux, au sein de l'eau[192]. »

Aussitôt, Motecuhzoma ordonne de préparer la réception des Dieux :

« Ensuite les cinq ont été appelés, et aussitôt Motecuhzoma prend congé d'eux, il leur dit : "Allez ! ne vous attardez pas ! Adorez notre seigneur le Dieu, dites-lui : — Voici que nous envoie ton gouverneur Motecuhzoma, voici ce qu'il t'offre puisque tu es parvenu jusqu'à ton foyer de Mexico"[193]. »

Lorsque à son tour Hernán Cortés s'approche des terres du Mexique, il reçoit à son bord de hauts dignitaires chargés des offrandes de Motecuhzoma : les parures et les sceaux des Dieux, pour que son choix manifeste son nom divin.

---

192. *Ibid.*, p. 52.

Le texte náhuatl du *Codex de Florence*, sorte d'encyclopédie du monde aztèque, a été réalisé sous la direction du franciscain Bernardino de Sahagún, il comporte un texte en náhuatl, un texte en espagnol et des illustrations. Le récit de la Conquête du Mexique occupe le Livre XII. « Même s'il n'est pas le plus précoce, puisque l'essentiel du récit a été recueilli et mis en forme en 1550-1555, le Livre XII du *Codex de Florence* mérite largement d'être proposé en premier tant par ses dimensions que par la qualité de son texte. Il est incontestablement le plus important des récits de la conquête en langue náhuatl dont nous disposons aujourd'hui. » *Ibid.*, p. 18.

193. *Ibid.*, p. 56 (*Codex de Florence*, Livre XII, chap. IV).

Mais il faut le lire pour le croire…

« Telle était la parure de Quetzalcóatl: un masque de serpent ouvragé avec des turquoises ; une armure de parade en plumes de quetzal ; un collier de jade tressé au milieu duquel un disque d'or est posé ; et un bouclier croisé d'or, ou encore parsemé de coquillages d'or, frangé de plumes de quetzal et d'une banderole en plumes de quetzal ; et un miroir dorsal orné de plumes de quetzal, mais ce miroir dorsal est comme fait d'un bouclier de turquoises, incrusté de turquoises, tapissé de turquoises collées ; et des chapelets de jade avec des grelots en or ; ensuite, voici le propulseur en turquoise, uniquement une turquoise entière, avec une sorte de tête de serpent, avec une tête de serpent ; et des sandales d'obsidienne.

Deuxièmement, il offrait celle qui était la parure de Tezcatlipoca : une chevelure en plume, doré-jaune aux étoiles d'or ; et ses boucles d'oreilles aux grelots d'or ; et un collier de coquillages, un sautoir orné de petits coquillages, avec une bordure effilochée ; et une jaquette entièrement peinte, à la bordure ocellée et emplumée ; et un manteau noué en bleu turquoise que l'on nomme "un carillonneur" et dont on saisit les coins pour le ceindre ; il y a aussi sur lui un miroir dorsal ; et encore une chose : des grelots en or que l'on noue aux mollets ; et une chose encore : des sandales blanches.

Troisièmement, celle qui était la toilette du Seigneur de Tlalocan : la coiffe à plumes de héron, uniquement en plumes de quetzal, entièrement en plumes de quetzal, comme si elle était verte, comme si elle était enveloppée par le vert ; puis sur elle un ornement croisé de coquillages en or ; et ses boucles d'oreilles en serpents de jade ; sa jaquette au dessin de jade ; son collier, collier natté de jade, orné aussi d'un disque d'or ; il y a aussi un miroir dorsal comme on l'a dit, également avec des clochettes ; le manteau à la bordure aux anneaux rouges pour se le nouer ; et des grelots pour les chevilles en or ; et sa baguette en forme de serpent, ouvragée avec des turquoises.

Quatrièmement, il y avait aussi celle qui était la parure de Quetzalcóatl, avec encore autre chose : une mitre en peau de jaguar avec des plumes de faisan, une très grosse pièce de jade y était posée au sommet ; et des boucles d'oreilles en turquoise, rondes, d'où pendent des coquillages en or bombés ; et un collier en jade tressé où est posé au milieu un disque d'or ; et un manteau aux bords rouges pour se le nouer ; il y a aussi les grelots en or nécessaires à ses chevilles ; et un bouclier dont le centre est percé d'un disque d'or, aux plumes de quetzal déployées sur ses bords, et aussi avec une banderole en plumes de quetzal ; et le bâton tordu du vent, recourbé au sommet, aux pierres de jade blanches comme des étoiles ; et ses sandales d'écume.

Telles étaient ces choses que l'on nommait les vêtements des dieux, leur parure, et que portaient les messagers, et ils portaient encore beaucoup plus de choses en signe de bienvenue : une couronne en or en forme d'escargot de mer avec des plumes de perroquet jaune suspendues, une mitre en or...[194] »

Motecuhzoma n'espère-t-il pas que le Dieu se révèle dans le choix qu'il fera de sa parure ? Quetzalcóatl ou Tezcatlipoca ? À cette alternative, l'empereur ajoute une troisième possibilité : Tlalocan Tecuhtli. Ce dieu de l'eau et de la pluie, honoré des peuples de la forêt, alliés des Aztèques, avait été intégré à leur panthéon après leur victoire sur les Mayas comme l'égal du Dieu Soleil Uitzilopochtli dont Motecuhzoma garde naturellement les armes puisqu'il en est le descendant direct.

---

194. *Ibid.*, pp. 54-56.

L'hospitalité Aztèque et la quête de l'or

Cortés ne s'enquiert pas de la signification de tous ces ornements. Commerçant installé à Cuba, il a construit une fortune sur l'esclavage des Noirs, après avoir participé au génocide des Indiens des Caraïbes. Mais la production de ses terres est loin de le satisfaire. Lorsqu'il apprend que les Aztèques portent des bijoux en or, il convertit tous ses biens en vaisseaux et reprend la mer. Ses recrues sont trois cents mercenaires blancs et leurs six cents esclaves noirs. Ces aventuriers ne reconnaissent déjà plus les valeurs de la tradition chrétienne.

Mais que se passait-il donc en Espagne ?

L'Europe est à la croisée des chemins. La propriété privée s'annonce à découvert avec les marchands et comme force de libération des privilèges, des clercs et des nobles. Les commerçants, dans les bourgs et les ports, font fortune. Ils ont armé les vaisseaux de Colomb, ils prêtent aux rois, ils érigent un nouveau pouvoir qui rompt avec les valeurs enchâssées dans la tradition – un pouvoir qui a pour référence une valeur objective, la valeur d'échange.

Les Occidentaux qui ont embarqué dans les caravelles rompent toute allégeance. Le plus souvent repris de justice sans foi ni loi, aventuriers qui ont choisi la liberté, ils font valoir par la propriété leur individualité en face de quiconque. Ils sont une avant-garde d'une nouvelle société. Bientôt, Cervantès stigmatisera la contradiction entre la tradition et l'ordre nouveau par la "folie" du Chevalier à la Triste-Figure, qui protège l'honneur des opprimés, donne à tous pour l'amitié, et le "bon sens" de Sancho Panza accroché au dicton de la bourgeoisie naissante : « *Tanto valgo, cuanto tengo* » (je vaux autant que ce que j'ai).

En Amérique, plus de tradition, plus d'Histoire, plus d'institutions, pas même de contradiction ou d'interface entre le système de réciprocité et le système d'échange. Les Espagnols ont choisi leur nouveau maître : l'or. Ils ne sauront ou ne voudront rien connaître des valeurs aztèques. Avant même de débarquer sur les terres du Mexique, ils reçoivent pourtant des témoignages éclatants de la splendeur de l'accueil qui les attend :

> « Ensuite, ils ont mangé des galettes de maïs blanches, du maïs égrené, des œufs de dinde, des dindes et aussi toute sorte de fruits : des anones, des mameys, des sapotilles jaunes, des sapotilles noires, des patates douces, des patates des bois, des patates douces couleur de rouille, des patates douces mauves, des patates douces rouges, des racines douces de jícama, des prunes-de-chevreuil, des prunes-de-rivière, des goyaves, des cuajilotes, des avocats, des caroubes, des prunes de tejocote, des cerises du pays, des figues de nopal, des mûres, des figues de nopal blanches, des figues de nopal jaunes, des figues de nopal rouges, des figues de nopal-sapotillier, des figues de nopal d'eau [...]. Et, lorsqu'ils arrivèrent sur le sol sec, qu'enfin ils vinrent, lorsqu'ils avancèrent, qu'ils se mirent en marche, qu'ils prirent leur route, ils furent grandement soignés, ils furent considérés avec grande estime. C'est uniquement guidés par leurs mains qu'ils sont venus, qu'ils ont suivi leur chemin. On fit grandement pour eux[195]. »

---

195. *Ibid.*, p. 63 (*Codex de Florence*, Livre XII, chap. VIII).

Alors commence ce que j'ai appelé le *Quiproquo Historique*.

Du côté Aztèque, vis-à-vis de l'étranger : l'hospitalité, le don. Du côté occidental : l'accumulation. D'un côté l'on assure sa dignité, sa valeur, en se montrant généreux. De l'autre, on ignore tout de cette valeur créée par le don, on cherche, on prend, on accumule l'or.

À peine à terre, les hommes de Cortés se jettent sur les ouvrages d'art ou de culte, en retirent l'or qu'ils comptent au poids. Ils massacrent les premiers villageois qu'ils rencontrent pour prendre l'or de leurs vêtements. Motecuhzoma, à ces nouvelles, a-t-il cru que le Dieu était Tezcatlipoca avide de sang humain ? Il envoie une autre ambassade avec des prisonniers à immoler, mais Cortés fait tuer aussi les sacrificateurs[196].

Et le « Dieu-venu-du-ciel » atteint la ville de Cholula, seconde ville de l'empire Aztèque, considérée comme sainte par les Mexicains. Le Grand Temple (el *Templo Mayor*) y était consacré à Quetzalcóatl.

> « À en croire le récit de Cortés lui-même, la ville était fort impressionnante lorsqu'il y fit son entrée : "Cette ville de Cholula est établie sur une plaine, et elle compte jusqu'à vingt mille maisons dans le corps de la ville et autant d'autres comme faubourgs [...]. Je garantis à Votre Altesse que j'ai compté du haut d'un temple quatre cents et quelques tours dans cette ville, et elles appartenaient toutes à des temples"[197]. »

---

196. « Et il avait agi ainsi, Motecuhzoma, parce qu'il les croyait des dieux, il les prenait pour des dieux, il leur rendait culte comme à des dieux. Pour cela ils étaient appelés, pour cela ils étaient nommés : les "dieux-venus-du-ciel" ». *Ibid.*, p. 63.

197. *Ibid.*, p. 388, note 35 (*Codex de Florence*, Livre XII, chap. XI).

Hernán Cortés fait alors rassembler la population devant le Grand Temple :

> « En arrivant, aussitôt, alors, on appela les gens, on convoqua les gens à grands cris, pour que viennent tous les seigneurs, les princes, les gouverneurs, les capitaines courageux et les hommes du peuple. On a ainsi rempli le parvis du temple[198]. »

Mais lorsque tous se furent rassemblés, les Espagnols ferment les portes du temple et massacrent. Puis ils raflent l'or et s'enfuient.

> « Aussitôt, alors, on a écrabouillé, on a assassiné, on a frappé. Le cœur des Cholultèques ne soupçonnait rien. Ce n'est pas avec des flèches, ce n'est pas avec des boucliers qu'ils sont allés à la rencontre des Espagnols. Tout simplement, ils ont été massacrés par trahison ; tout simplement, ils ont été anéantis par fourberie ; tout simplement, sans le savoir, ils ont été tués[199]. »

Cholula, ville martyre, est le symbole de la Conquête : une passion religieuse lorsque les Aztèques dans les temples sont assassinés.

---

198. *Ibid.*, p. 69 (*Codex de Florence*, Livre XII, chap. XI).
199. Le "Massacre de Cholula" par Hernán Cortés, en 1519, a fait en quelques heures de 5 000 à 6 000 morts.

Le quiproquo historique pétrifié par la tradition aztèque

L'Empereur est perplexe. Les commentaires de l'époque trahissent son désarroi. Sur le conseil de Cacama (Cacamatzin), roi de Texcoco, Motecuhzoma propose une entrevue pour établir la paix. Son ambassade apporte de riches cadeaux en or qu'elle dispose sous des étendards garnis d'or et de plumes de quetzal (l'oiseau sacré). L'historien décrit la surprise des Aztèques devant le comportement des Espagnols :

> « Et, quand ils leur ont donné ceci, c'est comme s'ils avaient souri, comme s'ils s'étaient beaucoup réjouis, comme s'ils avaient pris du plaisir. C'est comme des singes à longue queue qu'ils ont saisi de tout côté l'or. C'est comme si, là, il s'asseyait, comme s'il s'éclairait en blanc, comme s'il se rafraîchissait, leur cœur. Car il est bien vrai qu'ils avaient grandement soif, qu'ils s'en goinfraient, qu'ils en mouraient de faim, qu'ils en voulaient comme des porcs, de l'or[200]. »

D'un côté comme de l'autre, l'imaginaire pétrifie la valeur : pour l'Occidental, la valeur n'est que l'or, pour l'Amérindien, les plumes de quetzal… Alors, comme les parures des Dieux, leurs effigies n'ont aucun effet sur les nouveaux venus. L'Empereur se tourne désespérément vers les magiciens et les devins qui détiennent les pouvoirs d'ensorceler l'ennemi :

---

200. *Ibid.*, p. 71 (*Codex de Florence*, Livre XII, chap. XII).

« Mais nulle part ils n'ont rien fait, nulle part ils n'ont rien vu ; ils n'ont plus réussi quoi que ce soit, ils n'ont plus réussi sur qui que ce soit, ils n'ont plus été compétents[201]. »

Les récits aztèques prétendent que les prêtres annonçaient depuis quelques temps déjà une catastrophe.

« Avant que ne viennent les Espagnols, dix ans auparavant, un présage de malheur apparut une première fois dans le ciel, comme une flamme, comme une lame de feu, comme une aurore. Elle semblait pleuvoir à petites gouttes, comme si elle perçait le ciel ; elle s'élargissait à la base, elle s'effilait au sommet ; jusqu'au beau milieu du ciel, jusqu'au cœur du ciel elle allait, jusqu'au plus profond du cœur du ciel elle parvenait. De cette façon on la voyait, là-bas à l'orient, elle se montrait, elle jaillissait au beau milieu de la nuit, elle paraissait faire le jour, elle faisait le jour, et plus tard le soleil en se levant l'effaçait[202]. »

Alors les devins interprètent leur rencontre avec un fuyard terrorisé comme l'apparition du dieu Tezcatlipoca lui-même :

« Il leur a dit : "Pourquoi donc, en vain, êtes-vous venus ici ? Jamais plus il n'y aura de Mexico. Avec tout ce qui arrive, il est déjà entièrement passé. Allez ! Hors d'ici ! Ne restez pas là ! Retournez-vous en ! Regardez Mexico, ce qui s'y passe déjà, comme cela s'y passe déjà".

Aussitôt, ils se sont retournés, ils ont fait demi-tour et ils ont vu que déjà brûlaient tous les temples, les maisons-de-quartier, les collèges religieux, et toutes les maisons de Mexico, et c'était comme si on avait déjà combattu.

Et, une fois que les devins eurent vu cela, ce fut comme si leur cœur était parti ailleurs. [...]

---

201. *Ibid.*, p. 72 (*Codex de Florence*, Livre XII, chap. XIII).
202. *Ibid.*, p. 49 (*Codex de Florence*, Livre XII, chap. I).

Motecuhzoma, une fois qu'il eut entendu, a simplement
courbé la tête, il est simplement resté assis en courbant la
tête ; il a baissé le cou, il est resté assis en baissant le cou ;
il n'a plus parlé ; tout simplement, il est resté assis comme
un malade, abattu très longtemps, comme s'il était
anéanti[203]. »

---

203. *Ibid.*, p. 73 (*Codex de Florence*, Livre XII, chap. XIII).

LE CONFLIT ENTRE LES TRADITIONALISTES ET LES RÉVOLUTIONNAIRES AZTÈQUES

La légende coloniale à la gloire des conquérants dit que l'Espagnol eut l'habileté d'exploiter les divisions fratricides des Aztèques en s'alliant les populations frontalières lassées de porter le tribut à Mexico-Tenochtitlán. Le *Codex Ramirez*[204] raconte en effet qu'Ixtlilxochitl, fils du roi de Texcoco, s'allia à Cortés parce qu'il aurait été écarté du trône échu à son frère Cacama, protégé de Motecuhzoma. Mais le *Codex Ramirez* précise aussi qu'Ixtlilxochitl et Cacama se rencontraient pacifiquement du temps de Motecuhzoma. Ixtlilxochitl refusera toujours à Cortés de marcher contre son frère et reprochera véhémentement son assassinat à la brute espagnole.

Que les Espagnols aient disposé d'armées aztèques s'explique moins par le génie stratégique de Cortés que par la logique du *quiproquo* : chaque cité rivalisant avec les autres pour offrir davantage aux étrangers. Les unes choisissent de les honorer parce qu'elles en espèrent protection et redistribution. Les autres, par des dons considérables, tentent de les soumettre à leur Dieu. Mais toutes souhaitent l'alliance des Espagnols.

---

204. Le *Codex Ramírez*, manuscrit découvert dans un monastère de Mexico en 1856 par l'érudit José Fernando Ramírez (qui lui a donné son nom), est la copie d'une histoire du Mexique précolombien écrite vers 1585 par le jésuite métisse Juan de Tovar.

Le *Codex Ramirez* va plus loin : ce sont les Aztèques qui vont assumer la responsabilité majeure de la conquête, du moins ceux qui ont perçu les limites de la religion traditionnelle. Les textes soulignent l'opposition des frères Ixtlilxochitl et Cacama, l'un incarnant la Tradition, l'autre se rebellant contre elle. Cacama donne ce conseil au souverain Moctezuma en dépit du massacre de Cholula : l'Empereur, parce qu'il est l'incarnation du plus grand des Dieux, ne peut se soustraire à l'obligation du don et de l'hospitalité sans perdre la face, et il doit recevoir Cortés.

> « Informé de ce qui se passait, Motecuhzoma fit venir son neveu Cacama, son frère Cuitlahuacatzin et les autres seigneurs, et leur proposa une longue discussion pour savoir s'il fallait recevoir les chrétiens et de quelle façon. Cuitlahuacatzin répondit que d'aucune façon, et Cacama fut d'avis contraire : il semblerait peu courageux de ne pas les laisser entrer alors qu'ils se trouvaient à leurs portes et il ne seyait pas à un grand seigneur comme son oncle de ne pas recevoir les ambassadeurs d'un aussi important prince qui les envoyait[205]. »

Ixtlilxochitl, lui, renoncera à la Tradition non pour plaire à Cortés mais parce qu'il découvre une religion qu'il juge supérieure à la sienne. Il doit forcer la décision des Espagnols, peu pressés de le voir revendiquer le titre de fils de Dieu. Comme le Mérovingien Clovis, Ixtlilxochitl organise lui-même la cérémonie du baptême et prend le nom du roi d'Espagne Hernándo. C'est alors une guerre entre Mexicains qui oppose les partisans de l'imaginaire aztèque et ceux qui entendent dans la parole religieuse chrétienne un dépassement de cet imaginaire.

---

205. *Ibid.*, p. 182 (« Fragments additifs », *Codex Ramirez*).

D o n Hernándo-Ixtlilxochitl est bientôt à la tête d'une armée de plus de cinquante mille hommes qui affronte les partisans de la Tradition.

> « Revêtus de leurs habits royaux, Ixtlilxochitl et son frère Cohuanacotzin reçurent les prémices de la loi évangélique. Le premier eut Cortés pour parrain et fut baptisé Hernándo comme notre roi catholique [...]. Il s'en fût baptisé ce jour-là vingt mille, si la chose avait été possible. Ixtlilxochitl alla ensuite raconter à sa mère Yacotzin ce qui s'était passé et lui dire qu'il venait la chercher pour la conduire au baptême. Elle lui demanda s'il n'avait pas perdu l'esprit et lui reprocha de s'être laissé vaincre en si peu de temps par une poignée de barbares[206]. »

La Conquête est une révolution religieuse, une passion pour les tenants de la tradition aztèque, la mort d'une théocratie dont Motecuhzoma sera le martyre.

Motecuhzoma va d'ailleurs au-devant du sacrifice.

> « Ils ont dressé dans des vases en calebasse des fleurs précieuses, des hélianthes, des fleurs-de-cœur ou magnolias, au milieu desquelles on a placé des fleurs de maïs grillé, des fleurs de tabac jaunes, des fleurs de cacao, des couronnes de fleurs, des guirlandes de fleurs. Et ils portaient des colliers en or, des colliers à plusieurs rangées, des colliers nattés. Et alors, c'est là-bas, à Uitzillan que Motecuhzoma les a rencontrés. Aussitôt alors, il a distribué ses cadeaux au Capitaine, à celui qui commande les guerriers. Il lui a offert les fleurs, il lui a mis autour du cou un collier, il lui a mis autour du cou des fleurs, il l'a couvert de fleurs, il l'a couronné de fleurs. Aussitôt alors, devant ses yeux il a étalé les colliers en or, tous les présents destinés à recevoir quelqu'un...[207] »

---

206. *Ibid.*, p. 181 (*Codex Ramírez*, chap. III).
207. *Ibid.*, p. 81 (*Codex de Florence*, Livre XII, chap. XVI).

Et le conteur prête ces paroles à l'Empereur :

> « Je ne suis pas tout seulement en train de rêver, je ne vois
> pas ceci seulement dans mon sommeil, je ne fais pas que
> rêver de te voir, car je t'ai vu face à face… Et maintenant
> cela est arrivé : tu es venu. Tu as souffert bien des
> fatigues, tu es las, approche-toi de la terre, repose-toi, va
> faire connaissance avec ton palais, repose ton corps,
> qu'ils approchent donc de la terre nos seigneurs. »

L'Empereur conduit Cortés par la main sur les terrasses
de Mexico-Tenochtitlán et lui fait contempler les splendeurs
de la ville. Les Espagnols, ébahis, parcourent les palais :

> « Et quand ils ont atteint la chambre secrète des trésors,
> l'endroit nommé *Teocalco*, aussitôt alors on a tiré dehors,
> pêle-mêle, toutes les nattes en tissu précieux, les armures
> de parades en plumes de quetzal, les armes, les boucliers,
> les disques en or, les colliers des démons, les croissants
> d'or pour orner le nez, les jambières en or, les bracelets en
> or, les bandeaux de front en or. Aussitôt alors, il fut
> arraché l'or des boucliers, et celui de toutes les armes. Et
> lorsque tout l'or fut arraché, alors ils ont mis au feu, ils
> ont fait brûler, ils ont détruit par le feu tous les différents
> objets précieux. Ils ont tout brûlé. Et l'or ils l'ont façonné
> en briques, les Espagnols[208]. »

Les pillards brûlent les valeurs aztèques pour en tirer leur
propre valeur. Motecuhzoma offre aux Espagnols les trésors
de Uitzilopochtli, Dieu du Soleil, gardés dans ses
appartements personnels.

> « Partout ils sont entrés en courant, comme s'ils
> convoitaient tout, s'ils avaient envie de tout. […] Ils ont
> tout pris. Ils se sont emparés de tout. Ils se sont tout
> approprié, ils se sont tout attribué[209]. »

---

208. *Ibid.*, p. 84 (*Codex de Florence,* Livre XII, chap. XVII).
209. *Ibid.*, p. 85 (*Codex de Florence,* Livre XII, chap. XVIII).

Au bout de quelques jours, Cortés s'empare aussi de la personne de l'Empereur et gouverne désormais en son nom. Mais il doit retourner au port de Veracruz pour combattre une expédition espagnole rivale menée par Pánfilo de Narváez[210]. En son absence, son lieutenant Pedro de Alvarado donne l'ordre de célébrer la grande fête annuelle de *Tóxcatl*[211], dédiée aux Dieux tutélaires Tezcatlipoca et Uitzilopochtli, tandis qu'il se prépare, lui, au massacre de la population[212].

---

210. Pánfilo de Narváez avait pour mission d'arrêter Cortés dans sa conquête du Mexique. Mais c'est finalement Cortés qui le fait prisonnier. À son retour en Espagne, quatre ans plus tard, Pánfilo de Narváez fut promu gouverneur et *capitán general* de la Floride, terres qu'on lui attribuait mais qu'il devait d'abord découvrir et coloniser. Parmi les membres de son expédition, en 1527, forte de 5 navires, 600 soldats et d'une cinquantaine de matelots, se trouve Álvar Núñez Cabeza de Vaca, trésorier général et grand *Alguazil* (officier).

211. *Tóxcatl* qui signifie "sècheresse-manque d'eau", correspondait au solstice d'hiver dont la fête durait une vingtaine de jours. La statue de Uitzilopochtli, en joyaux et plumes de Quetzal, portait une jaquette appelée "Tous-Mangent", évoquant le sentiment de *communion* engendré par l'anthropophagie rituelle de la réciprocité négative. La statue était portée en procession à travers la ville, accompagnée de chants et de danses, où l'amaranthe et le miel étaient distribués à tous. La symbolique de la *communion* et de la *redistribution* atteste du caractère "religieux" de cette fête. La coutume voulait aussi que toute la noblesse mexicaine se réunisse autours du Grand Temple : « Et pour tous les hommes, pour les jeunes guerriers valeureux […], c'était comme si chacun allait se surpasser, comme si de tout cœur ils allaient célébrer la fête, ils allaient sentir la fête, pour que les Espagnols la voient, qu'ils s'en émerveillent, pour la leur montrer bien en face. » Baudot & Todorov, *op. cit.*, p. 88.

212. Pedro de Alvarado avait participé quelques mois auparavant au "massacre de Cholula".

« Lorsque déjà la fête se célébrait, lorsque déjà l'on dansait et déjà l'on chantait, lorsque déjà chant et danse se mêlaient, et que le chant était comme un vacarme de vagues brisées, alors, lorsqu'il sembla aux Espagnols que le moment était venu pour massacrer, aussitôt, alors, ils parurent. Ils étaient préparés pour la guerre. Ils sont arrivés pour fermer partout par où on pouvait sortir, par où on pouvait entrer : la Porte-de-l'Aigle, le côté au pied du palais, le côté de la Pointe-du-Roseau et la Porte-du-Miroir-à-Serpents. Et, lorsqu'ils les ont fermés, partout aussi ils se sont postés. Plus personne n'allait pouvoir sortir. Et cela ainsi fait, aussitôt, alors, il sont entrés dans la cour du temple pour massacrer les gens. Ceux dont la besogne était de tuer venaient tout simplement à pied, avec leur bouclier en cuir ; d'autres avec leurs boucliers cloutés, et avec leurs épées en métal. Aussitôt, alors, ils ont entouré ceux qui dansaient ; aussitôt, alors, ils sont allés là où étaient les tambourins ; aussitôt, ils ont frappé les mains du joueur de tambour, ils sont venus trancher les paumes de ses mains, toutes les deux ; ensuite, ils ont tranché son cou, et son cou est retombé au loin. Aussitôt, alors, eux tous ont assailli les gens avec les lances en métal, et il les ont frappés avec leurs épées en métal. Certains ont été tailladés par derrière et aussitôt leurs boyaux se sont dispersés. À certains, ils leur ont fendu la tête en morceaux, ils leur ont broyé la tête, ils ont réduit en poudre leur tête. Et, d'autres, ils les ont frappés aux épaules, ils sont venus trouer, ils sont venus fendre leurs corps. À d'autres, ils leur ont frappé à plusieurs reprises les jarrets ; à d'autres, ils leur ont frappé à plusieurs reprises les cuisses ; à d'autres, ils leur ont frappé le ventre, et aussitôt tous leurs boyaux se sont dispersés. Et c'est en vain qu'alors, on courait. On ne faisait que marcher à quatre pattes en traînant ses entrailles ; c'était comme si on s'y prenait les pieds lorsque l'on voulait s'enfuir. On ne pouvait aller nulle part. Et certains qui voulaient sortir, ils venaient les frapper là, ils venaient les larder de coups [...][213]. »

Les Espagnols, le butin amassé, se barricadent dans le Grand Palais, où Motecuhzoma est enchaîné. À son retour, Cortés et son armée les rejoignent, et il se trouve lui aussi encerclé dans le palais avec ses troupes. Ils appellent à leur secours Don Hernándo-Ixtlilxochitl, qui tarde parce qu'il ne peut imaginer la réalité. Comme ils craignent que celui-ci n'apprenne bientôt la vérité, profitant d'une nuit pluvieuse, les Espagnols s'enfuient[214]. Avant d'abandonner Mexico, ils exécutent Motecuhzoma :

> « Se voyant avec plus de neuf cents Espagnols et de nombreux amis, Cortés décida quelque chose qu'on a essayé de travestir mais dont Dieu connaît bien la vérité et ce fut qu'au quart de l'aube, on trouva mort le malheureux Motecuhzoma, que la veille on avait fait sortir sur une terrasse basse pour qu'il parlât à ses hommes, derrière un petit parapet, et on raconte qu'ils commencèrent à lui jeter des pierres et que l'une d'elles l'atteignit. Mais bien que tout cela soit vrai, cette pierre ne pouvait lui faire aucun mal parce qu'il y avait plus de cinq heures qu'il était mort. Certains précisent même que pour qu'on ne put voir de blessure, on lui avait plongé l'épée par le fondement[215]. »

---

213. *Ibid.*, p. 91 (*Codex de Florence*, Livre XII, chap. XX).

214. La fuite désordonnée des Espagnols hors de Mexico est un épisode de la Conquête connu sous le nom de "la Nuit Triste" *(la Noche Triste)*.

215. *Ibid.*, p. 189 (*Codex Ramírez*, chap. IX).

Pendant près de trois mois, Mexico-Tenochtitlán résistera à un siège sans merci. La ville, décimée par la famine et les épidémies[216] sera détruite quartier par quartier. Utilisant des pièces d'étoffe qu'ils trempent dans les humeurs et le sang des hommes malades, les Espagnols les envoient en ambassades à leurs adversaires : les premières armes bactériologiques.

La fin, le *Codex Ramírez* la raconte : lors de l'ultime assaut, Don Hernándo-Ixtlilxochitl gravit les marches du palais, atteint la statue de Uitzilopochtli et la décapite.

> « Arrivé au pied du temple, Don Hernándo commença à escalader les marches, accompagné de son oncle Don Andrès Achcatzin, fameux capitaine de Chiyautla qui commandait cinquante mille hommes [...]. Don Hernándo attrapa par les cheveux l'idole qu'il adorait naguère et la décapita. Tenant la tête à bout de bras, il la montrait aux Mexicains et leur disait d'une voix vibrante : "Voyez votre Dieu et son peu de pouvoir ; reconnaissez votre défaite et recevez la loi de Dieu unique et véritable". On leur jetait des volées de pierres et Don Andrès dut protéger son neveu et Cortés avec son bouclier, car les deux fameux capitaines étaient à découvert. Puis il prit l'idole…[217] »

---

216. La variole se répand rapidement dans tout le Mexique décimant la population qui n'était pas immunisée contre cette maladie inconnue dans le Nouveau Monde.

217. *Ibid.*, pp. 193-194 (*Codex Ramírez*, chap. XIV).

« Le récit de la Conquête rapporté par ces "fragments n° 2" du *Codex Ramírez* prend fin ici, à l'improviste, sur un exploit particulièrement retentissant de Don Hernándo Ixtlilxochitl qui est parvenu à s'emparer de la représentation la plus sacrée des Mexicains : l'image du dieu Uitzilopochtli. Selon les usages de la guerre précolombiens, cette action mettait fin symboliquement à la guerre, et signifiait la défaite sans rémission pour les Mexicains ». *Ibid.*, p. 398.

La ruée sur l'or et le martyre des Aztèques

Les Espagnols sont si pressés qu'ils dépouillent les cadavres en se protégeant le nez

> « de linges blancs très fins ; ils avaient des nausées à cause des morts qui déjà sentaient mauvais…[218] ».

Ils arrachent les ornements labiaux, les boucles d'oreilles, les colliers, les pectoraux, ramassent mitres et casques, jambières et bracelets. Puis ils torturent les survivants dans l'espoir qu'ils révèleront la cachette d'un or secret. Cortés contraint Cuauhtémoc, le dernier empereur Aztèque, à marcher les pieds brûlés pour qu'il indique d'éventuels souterrains où serait caché de l'or. Les Aztèques, qui espéraient que leur sang se métamorphoserait un jour en la chaleur du soleil, sont pendus ou dévorés par les chiens.

> « Là-bas, ils ont pendu le souverain de Uitzilopochco, Macuilxochitzin. Aussitôt, ensuite, le souverain de Colhuacan, Pitzotzin ; tous les deux furent pendus là-bas. Et le *tlacateccatl* de Quauhtitlan, et le *tlillancalqui* [titre suprême militaire] ils les ont fait dévorer par les chiens. Puis, ensuite, des gens de Xochimilco ont été aussi livrés aux chiens pour être dévorés, et Ecamextlatzin de Texcoco a été livré aux chiens pour être dévoré[219]. »

On finit d'achever les blessés d'un peuple qui avait ouvert les portes de ses maisons parce qu'il croyait recevoir des Dieux.

---

218. *Ibid.*, p. 147 (*Codex de Florence*, Livre XII, chap. XL).

219. *Ibid.*, p. 166 (*Annales Historiques de Tlatelolco*, rédigé en 1528 par un auteur indien anonyme de Tlatelolco).

La prise de l'idole signifie la fin du fétichisme solaire. Nombreuses sont les sociétés du Nouveau Monde qui précipitèrent elles-mêmes la ruine de leurs cités parce qu'elles crurent pouvoir compter sur l'étranger pour dénoncer le fétichisme religieux. Elles déchaînèrent néanmoins des forces imprévues qui amenèrent le chaos jusque dans les fondations de leur civilisation.

Ethnologues, historiens, économistes, se demandent encore pourquoi d'aussi puissants empires, aztèque, inca, se sont effondrés en quelques heures devant de petites bandes d'aventuriers. L'énigme s'évanouit si l'on s'aperçoit que les Amérindiens n'imaginent pas que le Dieu étranger ne pratique pas le don réciproque mais seulement l'échange intéressé. Quant aux étrangers, ils ignoraient le *principe de réciprocité*.

L'un offre pour établir ou augmenter son prestige, accroître son autorité, tandis que l'autre prend, accumule, privatise pour assurer son profit et son pouvoir. Mais chacun croit que l'autre appartient à son système, chacun s'illusionne sur l'humanité de l'autre, celle qui naît de la réciprocité du don pour les uns, et celle qui pour les autres naît de la propriété privée.

Le chercheur d'or refuse que le don crée l'autorité de celui qui donne. À ses yeux, la gratuité du don n'engendre aucune valeur. Il interprète le don de l'Aztèque comme preuve d'irrationalité. Ou encore, il voit dans le don la proposition d'un troc. Il se félicite ainsi de recevoir beaucoup au moindre coût et conclut à l'incompétence de l'Amérindien.

L'Amérindien, lui, ne peut croire que l'étranger ne participe d'aucune humanité fondée par la réciprocité. Il attend que l'autre respecte son prestige, ou encore qu'il redistribue ses richesses quand viendra son tour de mériter la gloire à laquelle il prétend.

Les deux mécanismes du don et de l'accumulation appartiennent à des systèmes antagonistes mais, articulés l'un sur l'autre par le *quiproquo*, ils ajoutent leurs effets dans un seul sens : toutes les richesses matérielles passent sans retour d'une société à l'autre. L'un donne, l'autre prend – la chute des cités est totale[220].

Les communautés de réciprocité d'Amazonie, à l'état dispersé, et qui offrent toujours l'hospitalité aux premiers venus, ne font pas aujourd'hui autre chose que les empereurs aztèques ou incas qui donnèrent leur empire aux premiers colons. L'humble comme le puissant se suicide lorsqu'il ouvre sa porte à ceux qui vouent leur culte à la propriété privée.

---

220. On sait aujourd'hui que le XVIe siècle connut le plus grand génocide de l'histoire. « Aucun des grands massacres du XXe siècle n'est comparable à cette hécatombe. » Cf. Todorov, *La Conquête de l'Amérique : La Question de l'autre*, Seuil, Paris, 1982, p. 170.

Texte publié en castillan dans *Teoría de la Reciprocidad*, La Paz, 2003.

QUATRIÈME PARTIE

LE QUIPROQUO HISTORIQUE CHEZ LES

EUROPÉENS

La thèse selon laquelle les structures de réciprocité ont pour raison de créer les conditions les plus favorables pour échanger dans son intérêt privé, qu'elles ne sont qu'une stratégie pour s'assurer d'une position dominante sur autrui, permet aux occidentaux de justifier leur histoire et leur conception de l'économie politique. Ainsi le libre-échange serait la forme la plus évoluée et la seule expression rationnelle de l'économie.

Mais cette thèse repose sur une confusion totale entre le concept de réciprocité et le concept d'échange. Une telle confusion n'est pas sans raison : elle prolonge indéfiniment le pouvoir des uns sur les autres.

Dessin à la plume du frontispice du manuscrit du *Léviathan*
offert en 1651 par Hobbes à Charles II
(British Library)

LE POSTULAT OCCIDENTAL DE L'INTÉRÊT

En 1492, les Amérindiens sont considérés par les envahisseurs espagnols comme des sous-hommes parce qu'ils ne fondent pas leur économie sur l'intérêt. Un siècle et demi plus tard, le raisonnement du philosophe anglais Thomas Hobbes[221] soutient que l'intérêt est le principe universel de l'économie.

Hobbes imagine que l'homme, doué de façon innée de la raison, s'en sert aussitôt pour maîtriser la nature. Mais l'"autre" ne peut-il à chaque instant piller les jardins pour se procurer à moindres frais ce qu'il n'a pas la force, la compétence ou l'envie de produire ? Comme l'"autre" peut menacer ses premiers investissements, la raison commande de s'en défendre et de l'attaquer préventivement. C'est la guerre de tous contre tous. Pour le prédateur présumé, la guerre peut être coûteuse. La raison lui conseille donc de recourir à l'échange pour obtenir ce qu'il désire sans la guerre.

Comment donner un début de preuve à cette imagination ? Hobbes s'en remet à l'observation de sa propre société. Il souligne la peur de l'autre et le souci de ses biens. Regardez le comportement des gens : ne s'arment-ils pas lorsqu'ils partent en voyage, et ne s'entourent-ils pas d'amis ou de gens qui puissent les défendre ? Et, le soir, ne ferment-ils pas leurs portes, ne se défient-ils pas de leurs proches en serrant leurs biens dans leurs coffres ? N'est-ce pas l'intérêt qui dirige leurs actes ?

---

221. Thomas Hobbes, *Léviathan* [1651], éd. Sirey, Paris, 1971.

Hobbes reconnaît que l'on ne peut déduire de ces observations une loi générale, mais il déclare que si le principe de l'intérêt ne peut être étendu au monde entier, il est au moins en vigueur chez des peuples sauvages : et en particulier aux Amériques !

> « On pensera peut-être qu'un tel temps n'a jamais existé, ni un état de guerre tel que celui-ci. Je crois en effet qu'il n'en a jamais été ainsi, d'une manière générale, dans le monde entier. Mais il y a beaucoup d'endroits où les hommes vivent ainsi actuellement. En effet, en maint endroit de l'Amérique, les sauvages, mis à part le gouvernement de petites familles dont la concorde dépend de la concupiscence naturelle, n'ont pas de gouvernement du tout, et ils vivent à ce jour de la manière quasi animale que j'ai dite plus haut[222]. »

L'on passe ainsi de la description de Christophe Colomb, qui atteste que les Indiens des Caraïbes pratiquent le don et notamment vis-à-vis des étrangers ou de leurs hôtes, à l'imagination de faits contraires pour justifier un *a priori* idéologique : mis à part le gouvernement de petites familles dont la concorde ne dépendrait que de la concupiscence, les relations des Indiens d'Amérique avec autrui ne seraient mues que par l'intérêt !

Au XVIIIe siècle, Adam Smith[223] ne peut non plus concevoir un autre moteur économique que l'intérêt :

> « Ce n'est pas de la bienveillance du boucher, du marchand de bière ou du boulanger que nous attendons notre dîner, mais bien du soin qu'ils apportent à leurs intérêts. Nous ne nous adressons pas à leur humanité,

---

222. *Ibid.*, p. 125.

223. Adam Smith, *Recherches sur la nature et les causes de la richesse des nations* [1776], Paris, 1843, rééd. Guillaumin, 1991.

mais à leur égoïsme ; et ce n'est jamais de nos besoins que nous leur parlons, c'est toujours de leur avantage. Il n'y a qu'un mendiant qui puisse se résoudre à dépendre de la bienveillance d'autrui[224]. »

Smith croit aussi que le troc est à la base de toutes les économies du monde. Il imagine que dans les communautés primitives le chasseur habile à confectionner des arcs se rendit compte qu'il échapperait aux aléas de la chasse en échangeant le dit arc contre du gibier :

> « Comme c'est ainsi par traité, par troc et par achat que nous obtenons des autres la plupart de ces bons offices qui nous sont mutuellement nécessaires, c'est cette même disposition à trafiquer qui a dans l'origine donné lieu à la *division du travail*. Par exemple, dans une tribu de chasseurs ou de bergers, un individu fait des arcs et des flèches avec plus de célérité et d'adresse qu'un autre. Il troquera fréquemment ces objets avec ses compagnons contre du bétail ou du gibier, et il ne tarde pas à s'apercevoir que, par ce moyen, il pourra se procurer plus de bétail et de gibier que s'il allait lui-même à la chasse. Par calcul d'intérêt donc, il fait sa principale occupation de fabriquer des arcs et des flèches, et le voilà devenu une espèce d'armurier…[225] ».

L'exemple est certes maladroit car dans les communautés de chasseurs, l'arc n'est jamais échangé. Possession personnelle inaliénable, il est enterré ou brûlé avec le chasseur à sa mort. Mais là n'est pas le problème, le chasseur pourrait échanger son gibier, et le troc se trouver à l'origine de l'économie humaine. Or, c'est le contraire que l'on observe : le gibier n'est jamais échangé mais toujours distribué !

---

224. *Ibid.*, Livre I, chap. II, p. 82.
225. *Ibid.*, pp. 82-83.

H. N. C. Stevenson[226] a rendu célèbre cette distribution par le dessin anatomique d'un buffle qui ressemble à celui que les bouchers épinglent dans leur magasin pour indiquer à leurs clients le nom des divers morceaux. Dans la communauté de Birmanie où Stevenson étudie les règles de redistribution de la nourriture, chaque morceau du buffle est nommé pour être attribué à une personne occupant un statut donné dans le système classificatoire de parenté.

Le produit de la chasse, dans les communautés de chasseurs, est toujours *donné*. Parfois même, le chasseur n'a pas le droit de consommer son gibier, ceci pour souligner que l'on doit se nourrir du don que l'on reçoit et non pas de ce que l'on produit soi-même.

---

226. Cf. H. N. C. Stevenson, « Feasting and Meat Division among the Zahau Chins of Burma » (1937), cité par Lévi-Strauss dans *Les structures élémentaires de la parenté, op. cit.*, p. 40.

Le quiproquo ethnologique

Presque tous les ethnologues, à la suite de Marcel Mauss, tenteront de démontrer que l'intérêt est le fait premier, le fait originaire. Par exemple Lévi-Strauss, dans la principale expérience ethnographique de sa carrière, décrit la rencontre de deux bandes de Nambikwara du Brésil[227]. Le compte-rendu des observations des missionnaires est si fidèle que ceux-ci disent qu'ils n'auraient su eux-mêmes les exposer avec plus de bonheur. Un compliment mortel. Il n'y a pas d'observation qui ne comporte déjà une interprétation, et il est probable que Lévi-Strauss a dû entériner, avec les faits racontés, le préjugé des missionnaires selon lequel les Amérindiens se dirigeaient les uns vers les autres animés par la convoitise des richesses d'autrui.

Il y a pourtant dans ce récit de référence d'étranges dissonances entre les faits et leur interprétation. Les Nambikwara regardent au loin les fumées des foyers qui montent dans le ciel : ennemis ou amis ? Les fumées s'évanouissent, réapparaissent, se rapprochent, s'éloignent. Lorsque enfin les hommes des deux communautés décident de se rencontrer, ils s'adressent mutuellement de longs discours, dans une émotion intense, « monologue prolongé » dans lequel les témoignages d'hostilité répondent à des témoignages d'amitié, ou l'inverse. Les uns disent « Vous êtes nos ennemis » et les autres répliquent « Nous sommes vos

---

227. Claude Lévi-Strauss, *La Vie familiale et sociale des Indiens Nambikwara*, Thèse, Musée de l'Homme, *Journal de la Société des Américanistes*, Paris, 1948, vol. 37, pp. 1-132.

amis ! vos frères, de vrais amis ! » ; et des protestations ambiguës on passe aux cadeaux, « cadeaux reçus, cadeaux donnés, mais silencieusement, sans marchandage...[228] », qui vont des uns aux autres, reviennent et repassent plusieurs fois entre les mêmes mains. Que peuvent être des cadeaux dont on ne marchande pas la nature mais qui procurent chaque fois une si grande joie ? Tessons de poterie, graines de haricots rouges, parures, témoignent de l'autre qui les donne, disent la splendeur de l'être dont chacun est le visage pour l'autre, la générosité, la bienveillance du donateur. Ce sont des cadeaux qui s'apparentent beaucoup plus aux dons des Arawak et aux reliques de Christophe Colomb qu'aux intérêts de Hobbes ou d'Adam Smith.

Lorsque les communautés nambikwara se seront rencontrées plusieurs fois, elles institueront des rapports fictifs de parenté : les uns seront dits les "beaux-frères" des autres comme si leurs femmes avaient été les sœurs des autres, et vice-versa. Voici comment Lévi-Strauss interprète :

> « Les petites bandes nomades des Indiens Nambikwara du Brésil occidental se craignent habituellement et s'évitent ; mais en même temps, elles souhaitent le contact, parce que celui-ci leur fournit le seul moyen de procéder à des échanges et de se procurer ainsi les produits ou articles qui leur manquent. Il y a un lien, une continuité, entre les relations hostiles et la fourniture de prestations réciproques : les échanges sont des guerres pacifiquement résolues, les guerres sont l'issue de transactions malheureuses[229]. »

---

228. Lévi-Strauss, *Les structures élémentaires de la parenté, op. cit.*, p. 78.
229. *Ibid.*

La paix est manifestée par des cadeaux… et puis si les relations de cordialité deviennent durables, on peut s'appeler "beaux-frères", ce qui aura pour conséquence dans le système de parenté nambikwara que les enfants d'un groupe deviennent les conjoints potentiels des enfants de l'autre groupe…

> « Une transition continue existe, de la guerre aux échanges, et des échanges aux inter-mariages ; et l'échange des fiancées n'est que le terme d'un processus ininterrompu de dons réciproques, qui accomplit le passage de l'hostilité à l'alliance, de l'angoisse à la confiance, de la peur à l'amitié[230]. »

Le don réciproque crée bien l'amitié. Mais voici que le primat de l'intérêt est un postulat si profondément ancré dans la psychologie occidentale que même Lévi-Strauss ne peut s'en dégager. Les dons viennent seulement désarmer l'adversaire, instaurer un climat propice pour les échanges, et la structure de parenté fictive est ordonnée à l'échange bien compris des femmes.

---

230. *Ibid.*, p. 79.

Conscience objective et conscience affective

Il est intéressant de comparer les deux approches de Colomb et de Lévi-Strauss. Tous les deux reconnaissent que les dons réciproques fondent l'amitié, mais à leurs yeux les dons sont des prestations qui ne précèdent des échanges que parce qu'ils leur sont ordonnés. Les dons réciproques créent un climat d'amitié dans lequel les échanges seront plus stables et plus intéressants que lors de rencontres sauvages ou aléatoires. Les échanges, eux, sont destinés à se procurer des richesses. Ce serait pour se procurer les biens que l'on n'a pas que l'on voudrait entrer en contact amical avec autrui et le désarmer par des dons.

Les dons indigènes ont pourtant un objectif différent : leur valeur d'usage n'est pas comptée à l'aune de ce que l'on estime à leur place mais selon le bonheur qu'elle procure à partir du désir d'autrui : « Tout ce qu'ils ont, ils le donnent pour quoi que ce soit qu'on leur donne » (13 octobre 1492).

> « Et que l'on ne dise pas qu'ils donnaient libéralement parce que ce qu'ils donnaient aurait eu peu de valeur, puisqu'ils faisaient la même chose et avec autant de libéralité, ceux qui donnaient des morceaux d'or et ceux qui donnaient l'eau de la calebasse ; et c'est une chose facile que de reconnaître, quand on donne une chose, qu'elle est donnée de grand cœur" » (21 décembre 1492)[231]. »

---

231. Christophe Colomb, *op. cit.*, (cité *supra* p. 15).

Si Colomb reconnaît que les Indiens donnent pour réaliser des liens – ce qu'il résume dans cette parole lapidaire : « Ils aiment leur prochain comme eux-mêmes » (noël 1492). Il conclut, un an plus tard, à l'absence de rationalité des indigènes :

> « Jusqu'aux morceaux de cercles cassés des barils qu'ils prenaient en donnant ce qu'ils avaient comme des bêtes brutes. » (Lettre à Luís de Santangel, février 1493)[232]. »

Colomb ne condamne pas le don, mais il observe que les Indiens *donnent l'or comme l'eau*, c'est-à-dire qu'ils ne connaissent, selon lui, pas la valeur des choses, et il en conclut qu'ils sont irrationnels. La raison est ramenée à la distinction des choses pour leur valeur instrumentale, et la rationalité à la capacité de reconnaître les choses non pour leur signification symbolique, mais pour leur fonction selon l'intérêt pratique qu'on leur porte.

Pour Colomb, le fait d'instaurer avec autrui une relation en termes d'affectivité, pour lesquels les choses témoignent comme symboles, signifie une conscience primitive. Et si l'échange n'a finalement pas lieu entre les Indiens des Caraïbes et les conquistadors, c'est parce que les uns et les autres seraient à des stades différents de l'évolution humaine.

La question donc de la supériorité de l'échange économique sur la réciprocité des dons, et de celle-ci sur les prestations totales, renvoie clairement à l'antinomie de la connaissance et de l'affectivité. L'amour du prochain en tant qu'affectivité est autre chose que l'échange de valeurs utilitaires, et l'affectivité est ici considérée comme une force opposée à la raison utilitariste.

---

232. *Ibid.*, (cité *supra* p. 33).

Jusqu'à Lévi-Strauss inclus, la plupart des philosophes lient la conscience humaine à l'objectivité de la connaissance : « la pensée qui, même quand elle se pense elle-même, ne pense jamais qu'un objet[233] ». En contrepoint du primat de l'intellect, Lévi-Strauss conteste à l'affectivité d'être une puissance autonome de l'esprit :

> « En revanche, il est vrai que je m'attache à discerner, derrière les manifestations de la vie affective, l'effet indirect d'altérations survenues dans le cours normal des opérations de l'intellect, plutôt que de reconnaître, dans les opérations de l'intellect, des phénomènes seconds par rapport à l'affectivité[234]. »

Mais Lévi-Strauss en donne la raison :

> « Car ce sont ces opérations seules que nous pouvons prétendre expliquer, parce qu'elles participent de la même nature intellectuelle que l'activité qui s'exerce à les comprendre. Une affectivité qui n'en dériverait pas serait rigoureusement inconnaissable au titre de phénomène mental[235]. »

Inconnaissable certes ! L'affectivité ne prétend pas être une connaissance de quelque chose, fût-ce d'elle-même comme objet, mais la manifestation d'elle-même comme *révélation* ; non pas une réflexion obtenue d'une scission interne dont chaque terme servirait de miroir à l'autre, mais une épreuve qui fonde le sujet hors de toute détermination objective, et donc comme sensation pure. L'affectivité n'est pas reconnaissance de quoi que ce soit d'extérieur à soi mais

---

233. Lévi-Strauss, « Introduction à l'œuvre de Marcel Mauss », dans Mauss, *Sociologie et anthropologie,* P.U.F, Paris, [1950], 1991, p. XLVII.

234. Claude Lévi-Strauss, *Mythologiques. L'homme nu,* Plon, Paris, 1971, p. 596.

235. *Ibid.*

génération de sa propre essence. Elle n'est donc que manifestation qui se traduit par ce que le philosophe Michel Henry appelle la Vie[236].

On peut penser l'affectivité comme une conscience qui se déploie bien au-delà des affectivités simples comme l'anxiété, l'angoisse, le plaisir, l'ennui ou toute autre sensation encore prisonnière des contraintes biologiques dès qu'elle est libérée des devenirs existentiels des uns ou des autres par la relativisation de ces devenirs existentiels grâce au *principe de réciprocité*. C'est par la réciprocité que l'affectivité s'éprouve elle-même et devient conscience affective. La réciprocité permet à l'homme d'accéder à une conscience affective qui n'est plus seulement subjective mais objective, au sens que lui donne Ernst Cassirer[237], c'est-à-dire délivrée de toute contextualisation et donc souverainement libre, créant l'avènement d'un Sujet dans l'homme dont l'expression est la *parole*.

Toute parole a en effet simultanément un sens également reconnu par les partenaires de la relation réciproque. Les êtres humains peuvent aussitôt développer cette conscience parallèlement ou concurremment à la connaissance du monde. Ce n'est donc pas pour la jouissance matérielle des dons qu'est instaurée la réciprocité mais pour la valeur qu'elle produit, et c'est pour reproduire la réciprocité que l'on recourt à la médiation des dons.

---

236. Michel Henry, *L'essence de la manifestation*, P.U.F, Paris, 1963. Voir aussi *Philosophie et phénoménologie du corps,* P.U.F, Paris, 1965.

237. Cf. Ernst Cassirer, *Trois essais sur le symbolique*, Œuvres VI, Les éditions du Cerf, Paris, 1997 ; pp. 49-50.

Comment l'intérêt devient-il un principe universel ?

Que s'est-il donc passé de Christophe Colomb à Claude Lévi-Strauss ? Christophe Colomb relègue l'affectivité dans la "simplesse" et juge que la raison est connaissance objective des choses, il inféode ainsi la raison à la logique des choses. La raison est liée aux lois de la nature auxquelles elle emprunte leur logique. S'il existe une autre façon d'envisager son rapport à autrui, elle appartient à Dieu. Colomb veut par la raison maîtriser le pouvoir de l'or mais le subordonne encore à des objectifs spirituels : permettre aux rois de Castille de reconquérir Jérusalem. Les conseillers flamands de Charles Quint auront déjà moins de fantaisie "don-quichottesque" puisqu'il est possible d'aliéner une partie de la vie humaine (le travail) dans une marchandise ; c'est alors sur cette réification du travail que va porter l'échange.

Lorsque Adam Smith découvre que le moteur des transactions de ses contemporains est l'intérêt, il n'en garde pas moins encore l'espoir de fonder l'économie politique sur un autre ressort : la sympathie. Mais la sympathie ne s'échange pas et c'est l'échec de cette utopie.

Déjà, Adam Smith ignore le principe de réciprocité comme matrice d'un sentiment commun aux partenaires de la réciprocité ; un sentiment certes inaliénable et incommunicable mais simultanément produit pour chacun des partenaires d'une relation de réciprocité, et donc référence identique pour tous.

Adam Smith ne conçoit plus qu'une affectivité puisse être produite par une interaction humaine au bénéfice des différents partenaires de cette interaction. Il observe dans l'intérêt une force motrice, et puisque celui-ci est individualisable, il postule l'individu comme supérieur à la relation qui le transforme en sujet différent de son déterminisme biologique. Et il est vrai que la réification du travail humain permet cette libération de l'individu de toutes les relations de réciprocité, en particulier des relations de réciprocité inégales qui entraînent l'asservissement des uns aux autres (l'esclavage).

LA GÉNÉRALISATION DU PRIMAT DE L'INTÉRÊT PAR L'ANTHROPOLOGIE OCCIDENTALE

Dorénavant, l'intérêt est postulé comme un principe et la réciprocité des dons n'est pas seulement rejetée dans le surnaturel ou le divin mais elle est ramenée à une phase inférieure de l'évolution humaine, et même à une modalité archaïque de l'échange, au point que l'anthropologie ne pourra s'inquiéter de la question que sous le joug du postulat de l'économie libérale. Marcel Mauss dira :

> « [...] quoique nous indiquerons avec précision tous les divers principes qui ont donné cet aspect à une forme nécessaire de l'échange – c'est-à-dire, de la division du travail social elle-même – de tous ces principes, nous n'en étudions à fond qu'un. *Quelle est la règle de droit et d'intérêt qui, dans les sociétés de type arriéré ou archaïque, fait que le présent reçu est obligatoirement rendu ? Quelle force y a-t-il dans la chose qu'on donne qui fait que le donataire la rend ?*[238] »

Et il lui faudra imaginer une entité *ad hoc* pour subordonner la surenchère du don à l'échange : les dieux.

Que devient la "simplesse" attribuée par Colomb aux sociétés amérindiennes : elle peut devenir un "mensonge social", un double jeu, nous dira Mauss. Pour Lévi-Strauss, elle est un recours astucieux des indigènes, qui trahirait néanmoins l'immaturité de la raison (de la raison utilitariste s'entend).

---

238. Mauss, *Essai sur le don, op. cit.,* p. 148 (c'est Mauss qui souligne).

L'anthropologie occidentale cautionne le primat de l'échange. Lévi-Strauss fait de la réciprocité de parenté le modèle de l'échange en martelant son postulat. Mais il lui faut rendre compte de l'omniprésence de la réciprocité. Il lui donnera pour fonction de rendre l'échange égal afin d'instaurer la paix où il y aurait danger de retour à la guerre primitive. Lévi-Strauss se réfère à ses prédécesseurs en répétant le même axiome de cette guerre primitive, bien que celui-ci n'ait jamais été démontré : la raison aurait conseillé aux hommes d'échanger plutôt que de s'entretuer, ce qui suppose que "la guerre de tous contre tous" soit une condition initiale.

Que la vengeance puisse être interprétée comme une *forme* de la réciprocité qui donne *sens* à la violence dès l'origine, nous semble ruiner cet *a priori*, comme la "dialectique du don", celui de la subordination de la réciprocité à l'échange.

La sociologie défend aussi la raison utilitariste. Pierre Bourdieu, par exemple, dans une étude exhaustive de la société kabyle en Algérie, prétend que les valeurs éthiques créées au sein des diverses structures de réciprocité des communautés ont pour fonction d'assurer leur intérêt bien compris.

Rien n'échappe à la réinterprétation de Bourdieu en termes d'intérêt. Le sociologue a repris et développé le concept proposé par Mauss, sous le nom d'*habitus*. Il montre que *l'habitus* traduit l'intériorisation des interactions sociales par l'individu qui fait de celui-ci l'agent volontaire et involontaire à la fois des pratiques de sa société, du moins jusqu'au moment où le divorce des pratiques sociales et de ses objectivations l'engage dans une critique.

Mais plus encore, Pierre Bourdieu développe la thèse de Mauss qui estimait que dans les sociétés archaïques tout est mélangé, le spirituel et le matériel. Mauss ajoutait que la part spirituelle était souvent utilisée pour masquer des intentions qui, somme toute, relevaient d'intérêts inavouables en termes éthiques. Il ne parvenait pas pour autant à juguler l'antinomie de l'éthique et de l'intérêt considéré comme le ressort fondamental des prestations humaines.

Bourdieu explicite la notion de mélange en soutenant l'idée d'une convertibilité mutuelle du capital symbolique et du capital économique, et en montrant ce qui lui semble être la dépendance du premier vis-à-vis du second :

> « Bref, contrairement aux représentations naïvement idylliques des sociétés "précapitalistes" (ou de la sphère "culturelle" des sociétés "précapitalistes"), les pratiques ne cessent pas d'obéir au calcul économique lors même qu'elles donnent toutes les apparences de désintéressement parce qu'elles échappent à la logique du calcul intéressé (au sens restreint) et qu'elles s'orientent vers des enjeux non matériels et difficilement quantifiables[239]. »

Mais il se heurte aussi à l'antagonisme de l'un et de l'autre, et il doit expliquer que, dans les communautés qu'il étudie, l'importance du capital symbolique l'emporte sur celle du capital économique.

> « Il est clair que dans ces conditions, l'accumulation de capital symbolique ne peut se faire qu'au détriment de l'accumulation de capital économique. Dans la mesure où elle s'ajoute aux obstacles, objectifs liés à la faiblesse des moyens de production, l'action des mécanismes sociaux qui, en imposant la dissimulation et le refoulement de l'intérêt économique tend à faire de l'accumulation du capital symbolique la seule forme reconnue et légitime d'accumulation, suffirait à freiner voire à interdire la concentration du capital matériel ; et il était sans doute rare que l'assemblée fut obligée d'intervenir expressément pour sommer quelqu'un de cesser de s'enrichir[240]. »

Et revoici donc les dieux (les... "mécanismes sociaux"), non plus les dieux bienveillants qui acceptent d'être dupés par les dons des hommes et qui leur concèdent tout ce qu'ils demandent, en acceptant de confondre leur don avec l'échange proposé par les humains – un quiproquo consenti

---

239. Pierre Bourdieu, *Esquisse d'une théorie de la pratique* [1972], Paris, éditions du Seuil, 2000, p. 235.

240. *Ibid.*

sans doute par compassion –, mais les dieux de l'ombre, du refoulement et de la dissimulation, les dieux de la tromperie qui peuvent expliquer que le capital symbolique ne cesse de s'accroître aux dépens du capital économique, car il s'agit de leurrer l'adversaire grâce à un calcul très habile sur la rentabilité du symbolique (chose un peu surprenante du point de vue logique puisque l'on vient d'expliquer le symbolique par l'absence du calcul).

> « Bref, [dit Bourdieu] il suffit d'avoir à l'esprit l'homologie de la relation que le groupe entretient avec sa terre et de la relation qu'il entretient avec ses femmes pour comprendre que le souci de sauvegarder le capital symbolique de la famille, composante fondamentale du patrimoine social, conduise à accepter de payer au-delà de sa valeur "marchande" une terre ancestrale[241]. »

Le lien est établi avec la théorie de Lévi-Strauss selon lequel le premier capital symbolique de l'homme est la femme, qui serait la monnaie d'échange universelle des peuples soumis aux règles de la réciprocité de parenté.

> « Ainsi, [conclut Bourdieu], les correspondances qui s'établissent entre la circulation des terres vendues et rachetées, celles des "gorges" "prêtées" et "rendues" ou celles des femmes accordées ou reçues (i.e. entre les espèces différentes de capital et les modes de circulation correspondants) obligent à abandonner la dichotomie de l'économique et du non-économique qui empêche d'appréhender la science des pratiques économiques comme un cas particulier d'une science générale de l'économie des pratiques, capable de traiter toutes les pratiques y compris celles qui se veulent désintéressées ou gratuites donc affranchies de l'économie, comme des pratiques économiques orientées vers la maximisation du

---

241. *Ibid.*

profit matériel ou symbolique[242]. »

Qu'une seule théorie puisse rendre compte de l'économie au sens matériel du terme mais aussi de toutes les prestations humaines, on comprend que ce soit une ambition de la science, mais quelle théorie y parvient ? La théorie de l'échange ou celle de la réciprocité ? Doit-on réduire la réciprocité à une forme dissimulée de l'échange pour des raisons occultes ou au contraire montrer que la réciprocité est apte à créer des valeurs humaines dans tous les imaginaires possibles et considérer l'échange comme sa négation, par le calcul, au profit de l'imaginaire né de la non-réciprocité ?

Pierre Bourdieu choisit la thèse de l'échange :

> « Le capital accumulé par les groupes, cette énergie de la physique sociale – soit, ici, le capital de force physique (lié à la capacité de mobilisation, donc au nombre et à la combativité), le capital "économique" (la terre et le bétail), le capital social et le capital symbolique, toujours associé par surcroît à la possession des autres espèces de capital mais susceptible d'être augmenté ou amoindri selon la manière d'en user – peut exister sous *différentes espèces* qui, bien que soumises à de strictes lois d'équivalence, donc mutuellement convertibles, produisent des effets spécifiques. Forme transformée et par là *dissimulée* du capital "économique" et physique, le capital symbolique produit, ici comme ailleurs, son effet propre dans la mesure et dans la mesure seulement où il dissimule que ces espèces "matérielles" du capital sont à son principe et, en dernière analyse, au principe de ses effets[243]. »

Le symbolique, c'est le mal ! Il est fort possible que le contact avec le système de l'échange ait contraint la société

---

242. *Ibid.*
243. *Ibid.*, p. 375.

kabyle, comme bien d'autres sociétés de réciprocité, à défendre son patrimoine culturel et spirituel en instrumentalisant les valeurs constituées, et ceci de façon à présenter une défense commune. Toutes les sociétés humaines ayant affaire aux partisans de l'intérêt privé sont contraintes de défendre les leurs ! Mais la question que ne résout jamais Bourdieu est de savoir comment ont été constituées les valeurs dont il estime qu'elles sont soumises au primat de l'intérêt. Comment est constitué le capital symbolique ?

C'est la même question que l'on a pu opposer à Mauss lorsqu'il invoque les dieux pour mettre un terme à la surenchère des dons et réduire la réciprocité à un échange : comment ont été constitués les dieux ? Les valeurs éthiques qu'instrumentaliseraient les Kabyles tomberaient-elles aussi du ciel comme les dieux de Mauss ? Et faut-il concevoir un génie malin ?

Même si l'on veut utiliser les valeurs éthiques comme des outils pour défendre ses intérêts, il faut être capable de fabriquer ces outils. Et même si ces outils ne sont créés que pour autant qu'ils dissimulent sournoisement des intérêts pour les rendre plus certains, il faut pouvoir dire comment ces outils sont construits. Surtout si l'on est obligé de reconnaître que :

> « L'échange de dons est le seul mode de circulation des biens à être pratiqué, du moins pleinement reconnu, en des sociétés qui, selon le mot de Lukacs, nient "le sol véritable de leur vie"[244]. »

---

244. *Ibid.*, p. 228.

Il ne suffit pas de postuler que cette réciprocité :

> « (…) a pour objet de dissimuler dans le temps la transaction que le contrat rationnel d'échange resserre dans l'instant »,

pour rendre compte de la genèse de ses valeurs.

Il ne suffit pas d'imaginer que :

> « Tout se passe, en effet, comme si le propre de l'économie *archaïque* résidant dans le fait que l'action économique ne peut reconnaître explicitement les fins économiques par rapport auxquelles elle est objectivement orientée, *l'idolâtrie de la nature* qui interdit la constitution de la nature comme matière première et du même coup la constitution de l'action humaine comme travail, c'est-à-dire comme lutte agressive de l'homme contre la nature extérieure, et l'accentuation systématique de l'aspect symbolique des actes et des rapports de production, tendent à empêcher la constitution de l'économie en tant que telle c'est-à-dire en tant que système régi par les lois du calcul intéressé de la conscience et de l'exploitation[245] »,

pour en finir avec la genèse des valeurs humaines.

L'économie est fixée ici à n'être que le système régi par les lois du calcul intéressé. Dès lors, il n'y a aucune chance de découvrir la moindre alternative. Puisque autrui ne peut pas penser sinon par négation de la pensée (l'idolâtrie) et que la pensée ne peut se déployer que par le calcul intéressé, les expressions des sociétés non-utilitaristes sont disqualifiées *a priori*.

---

245. *Ibid.*, p. 350. (C'est Bourdieu qui souligne).

L'impuissance de maîtriser le calcul mathématique des sociétés archaïques expliquerait qu'elles en soient réduites à défendre leurs intérêts par l'idolâtrie de leurs valeurs :

> « Dans des formations sociales où l'expression des intérêts est très fortement censurée et où l'autorité politique est très peu institutionnalisée, les stratégies politiques de mobilisation ne peuvent avoir quelque efficacité que si les intérêts qu'elles poursuivent et qu'elles proposent se présentent sous les apparences méconnaissables des valeurs que le groupe honore : mettre des formes, agir dans les règles, ce n'est pas mettre le droit de son côté, c'est mettre le groupe de son côté et en donnant à ses intérêts la seule forme sous laquelle il peut les reconnaître, en honorant ostensiblement les valeurs qu'il met son point d'honneur à honorer[246]. »

Les matrices de ces valeurs restent cependant ignorées des théories fonctionnalistes. Et à plus forte raison l'*interface* entre les structures de production des valeurs éthiques et les structures de production de la valeur d'échange demeurent inconnues. D'où vient cette impasse ?

Dans la tradition de Hobbes, Bourdieu limite les compétences de la raison à celles de la logique qu'elle utilise pour traiter de la physique et de la vie et de la pensée comme de choses physiques (on entend même le mot de 'physique sociale''), réduction qui ne tient pas compte des dimensions nouvelles de la logique[247] qui permettent à la raison d'explorer ces territoires avec des instruments plus adéquats.

---

246. *Ibid.*

247. Logique généralisée découverte par le philosophe Stéphane Lupasco (1900-1988), fondée notamment sur la notion de *Tiers inclus* à partir d'une réflexion sur les thèses de Kant et de Bergson puis d'une recherche épistémologique sur la physique relativiste, la physique quantique et la biologie contemporaine.

En prêtant aux "indigènes" une logique identique à celle que la raison utilise pour dominer le monde physique, Bourdieu procède à un quiproquo inverse de celui de ces indigènes qui prenaient les occidentaux pour des hommes accordant comme eux la primauté aux valeurs créées par des relations de réciprocité. Dès lors, il les affuble d'une raison utilitariste qui les disqualifie, et il renverse la signification de leurs prestations. Leur pensée utilisait de façon empirique, il est vrai, d'autres compétences, que Mauss pour sa part respectait même s'il les laissait de côté :

> « (…) quoique nous indiquerons avec précision tous les divers principes qui ont donné cet aspect à une forme nécessaire de l'échange – c'est-à-dire, de la division du travail social elle-même – de tous ces principes, nous n'en étudions au fond qu'un[248]. »

L'idée que la raison est tributaire de la seule logique qui permet à la connaissance (physicienne) de dominer le monde est insuffisante pour rendre compte de la richesse de la pensée humaine et des compétences de la raison. Bourdieu, certes, fait droit à l'inconscient freudien (refoulement, dissimulation, déplacement), mais pas à l'inconscient tout court – l'inconscient cérébral que découvre la physiologie neuronale contemporaine –, de même qu'il semble ne pas prendre en compte les questions posées à la limite de la mécanique quantique par la physique contemporaine et l'épistémologie : on ne trouve par exemple nulle trace dans son œuvre de la découverte de la Logique dynamique du contradictoire[249].

---

248. Mauss, cité *supra*, p. 184.

249. Cf. Stéphane Lupasco, *Le principe d'antagonisme et la logique de l'énergie, Prolégomènes à une science de la contradiction* [1951], 2de édition Le Rocher, Monaco, 1987.

Le triomphe de l'échange sur la réciprocité

Toutes les sociétés humaines ont su reconnaître deux sortes de production fort différentes. L'une – pour la réciprocité – afin d'établir le plus grand nombre de relations sociales et engendrer non seulement le bien-être autour de soi mais aussi l'autorité morale de chacun. Et toutes ont connu ou connaissent la tentation de subordonner les valeurs éthiques à l'ambition d'être le plus "grand", d'arrimer l'éthique à l'imaginaire du prestige et enfin défendre leur idéal par le pouvoir. L'autre – pour l'échange – dans le but d'acquérir des biens matériels nécessaires pour dominer autrui.

Les sociétés dites traditionnelles ont disqualifié l'échange économique au nom des valeurs de la réciprocité. Mais aujourd'hui, l'échange que les sociétés du don délaissaient aux parias, aux esclaves et aux pirates, a pris sa revanche. Son triomphe est tel qu'il est impossible à quiconque d'ignorer ses avantages. La science et la technique lui sont liées. Un nouveau contexte s'est substitué à celui de la nature, auquel il est difficile de se soustraire.

L'échange ne laisse pas davantage d'espace à qui voudrait échapper à son impératif, que jadis l'imaginaire du don, à ceux qui n'obéissaient pas à sa loi. Les sociétés d'aujourd'hui obtempèrent les unes après les autres au libre-échange. Un tel choix pourrait donc faire douter que le *quiproquo historique* ait été la raison de l'effondrement des systèmes de réciprocité face à la civilisation de l'échange.

L'échange induit la réification du travail en marchandise. L'objectivation de la valeur dans le *travail social abstrait* permet de construire l'entreprise industrielle et d'institutionnaliser un nouveau rapport social dont chacun bénéficie sans devoir le payer de toute sa personne (l'esclavage ou le servage). Le libre-échange offre donc au moins deux avantages : la liberté de chacun vis-à-vis des institutions politiques ou religieuses traditionnelles et l'efficacité d'une rationalité instrumentale pour construire un environnement plus confortable. Il est lié à la démocratie et au progrès scientifique et technique. Mais en acceptant la définition du travail en termes d'échange, chacun accepte l'impasse sur la production des valeurs éthiques.

Les théories sociales se contentent de corriger les effets du libéralisme économique en invoquant des valeurs éthiques "constituées", qui sont cependant chaque jour davantage récusées par les exigences du profit (d'où le débat ouvert par John Rawls avec les utilitaristes : la conciliation de la liberté et de la justice puisque la liberté semble naître de l'échange et la justice de la réciprocité). La *liberté* de la concurrence, à l'inverse de l'*émulation* dans la surenchère du don, impose une forte contrainte : le *profit*, seul critère d'évaluation de la bonne marche de la production capitaliste.

Or, cette contrainte se propage comme la désintégration des atomes radioactifs : en face de qui ne défend que son intérêt, il est obligatoire de défendre le sien. Toute communauté de réciprocité ne peut aujourd'hui que s'intégrer au marché capitaliste. Les sociétés deviennent ainsi concurrentes entre elles, brisant les liens de réciprocité qui fondaient leurs cultures et leurs valeurs.

L'avenir de la réciprocité

Il a fallu attendre 1922 pour que le postulat du primat de l'intérêt comme fondement universel de l'économie soit infirmé. Bronislaw Malinowski, après une analyse exhaustive des prestations à caractère cérémoniel mais aussi politique et économique des Trobriandais, conclut qu'elles sont des dons. Malinowski trouvera la formule qui exprime la contradiction du système économique anglo-saxon et trobriandais :

> « Le code social expose que posséder, c'est être grand et que la richesse est l'indispensable apanage d'un rang social, l'attribut d'une vertu personnelle. Mais le point important est que, chez eux, posséder c'est donner, et là, les indigènes sont notablement différents de nous. Un homme qui possède un bien est naturellement tenu de le partager, de le distribuer, d'en être le dépositaire et le dispensateur[250]. »

De plus, Malinowski montre que les Trobriandais connaissent l'intérêt, le troc et même le profit, en tout cas le marchandage (*gimwali*). Le troc est utilisé avec ceux qu'ils considèrent comme des hommes "inférieurs" ou des peuples qualifiés de "barbares" parce qu'incapables de participer au cercle des dons de valeurs de renommée, le *kula*. Il n'y a donc aucune possibilité d'interpréter le système des dons comme un système d'échange et d'intérêt qui serait ignoré et masqué par des *a priori* religieux ou métaphysiques. Le système du troc est parfaitement perçu, reconnu et nommé avec des termes

---

250. Bronislaw Malinowski, *Argonautes of the Western Pacific* [1922], Trad. franç. *Les Argonautes du Pacifique occidental,* Gallimard, Paris, 1963.

différents de celui du don. Il est même clair, pour les Trobriandais au moins, que les deux systèmes s'excluent l'un l'autre parce qu'ils sont antagonistes, car si quelqu'un pratique le *kula* (réciprocité) d'une manière parcimonieuse, on se moquera de lui en disant qu'il le pratique comme un *gimwali* (échange). Si les Trobriandais ont développé la réciprocité au lieu de l'échange, c'est donc qu'ils ont récusé celui-ci et non qu'ils l'ignoraient.

Deux ans après la parution des *Argonautes du Pacifique*, Marcel Mauss publie l'*Essai sur le Don*. Au terme d'une enquête dans toutes les sociétés du monde, ou peu s'en faut, Mauss conclut qu'il n'existe qu'une seule société dont on peut dire que l'économie se fonde sur le primat de l'échange, la société occidentale. Toutes les autres sociétés sont organisées par la réciprocité.

Mauss cependant tente d'interpréter la réciprocité des dons comme la forme primitive de l'échange. Il s'attache à prouver que l'intérêt est le dernier ressort du don. Il observe que dans les prestations des sociétés archaïques tout est mélangé, l'économique et le spirituel. Les hommes sont liés par la réciprocité corps et âme. On s'épousait, on se nourrissait, on s'entre-tuait dans la même structure de réciprocité. C'est avec les dons que l'on transgressa cet engagement physique. Les dons ne sont plus qu'une part de soi. Et pourtant, donnant, on acquiert du prestige, donc du soi. Pour résoudre cette contradiction, Mauss propose l'idée que l'être du donateur ne peut s'aliéner, exige son retour, et que les dons – symboles d'une valeur spirituelle propre au donateur – reviennent sous la contrainte de cette force spirituelle (le *mana*).

Selon ce point de vue, la réciprocité des dons est un échange symbolique mais qui suppose des valeurs déjà constituées. Mauss place l'échange sous la tutelle de ces valeurs que le donateur souhaite partager avec autrui afin d'éviter la guerre, ou encore pour obtenir que l'autre en fasse autant, chacun espérant le retour des choses à l'ombre de son nom. La réciprocité des dons en tant que relation symbolique masquerait donc un échange intéressé. Selon Mauss, les hommes se seraient ensuite émancipés les uns des autres en faisant valoir leurs intérêts respectifs, d'où l'apparition d'un champ économique réservé à l'échange et d'un champ réservé aux valeurs morales, le Droit.

Jusqu'à l'avènement du libre-échange, les sociétés humaines étaient pourvues par la nature d'une force inconsciente qui les maintenait en équilibre comme la quille maintient l'équilibre d'un voilier. Alfred Radcliffe Brown[251], en marquant les attitudes affectives d'un signe positif ou d'un signe négatif selon qu'elles s'apparentent à de l'affection et de la bonté ou à de la contrainte et de l'autorité, observe qu'une société se construit "naturellement" sur l'équilibre des charges affectives positives ou négatives. Une analyse plus fine permet à Lévi-Strauss de reconnaître, outre ces affectivités qualifiées de positive ou négative, une affectivité non qualifiée sur l'axe de ce qu'il appelle la *mutualité* (et que nous appelons la *réciprocité*) – axe de la *médiété* entre les contraires.

La *mutualité* implique de cultiver l'art de la *bonne distance* et de la *juste mesure*. Evans-Pritchard[252] reconnaîtra, lui, dans ce principe d'équilibre un *principe structural* qui tient ensemble les

<hr>

251. Alfred R. Radcliffe-Brown, *The Andaman Islanders*, Cambridge University press, 1922.

252. Edward Evan Evans-Pritchard, *The Nuer* [1937]. Trad. fr. *Les Nuer, Description des modes de vie et des institutions politiques d'un peuple nilote*, Gallimard, Paris [1968], 1994.

contraires[253]. On pourrait penser qu'il n'existe pas de modèle de la *bonne distance*, qu'elle est laissée à l'initiative de l'*inconscient primordial*, du *principe structural* ou encore du *contradictoire entre les contraires*. Mais ne serait-ce pas l'art de la politique que de construire de *bonnes distances sociales* qui soient respectées par tous, dès lors que la raison permet d'en reconnaître le bien fondé ?

La *liberté*, revendiquée comme valeur de référence par les partisans du libre-échange, pose elle-même la question de reconnaître quelles sont les structures qui engendrent les valeurs humaines et quelles sont les structures qui les inféodent à leur contraire ou les détruisent ; quelles sont les matrices de l'humanité et quelles sont les matrices de l'inhumanité, de façon à ce que la liberté de chacun soit aussi complète que possible. Une question qui oblige la raison à s'inquiéter des limites que lui intime la *logique de la physique*.

Dépasser ces limites a été possible par la découverte dans la nature puis dans la genèse de la conscience, d'une logique qui rend compte non seulement de la connaissance mais aussi de l'affectivité[254].

Au moment où des nations s'emparent de la technique scientifique au bénéfice de leur intérêt et menacent de sacrifier une part de l'humanité à une autre, *l'économie de réciprocité*[255] commande de redistribuer les richesses pour que l'autre reçoive ses conditions d'existence et les moyens de donner à son tour, dans le respect de la *bonne distance*. Elle pose les

---

253. Lire à ce sujet de D. Temple, *Le contradictoire, principe structural des Nuer* (2006), Collection *réciprocité*, n° 9, 2017.

254. Cf. Dominique Temple, *"Un nouveau postulat pour la philosophie"*, Collection *réciprocité*, n° 10, 2018.

255. Cf. Dominique Temple, *L'économie humaine* (1997), rééd. dans *L'économie politique*, Collection *réciprocité*, n° 13, 2018.

conditions d'existence d'autrui comme l'*a priori* de tout investissement économique et supprime immédiatement toute pauvreté dans le monde. La volonté d'engendrer la justice ou la paix devient du ressort de chacun si chacun *connaît* quelles sont les structures génératrices des valeurs humaines. L'opposition entre le *souci pour soi,* auquel est ordonné le libre-échange, et le *souci pour l'autre,* qu'implique la réciprocité, se présente dès lors comme une alternative.

Enfin, une condition précise vient contraindre le système capitaliste à renoncer à sa *logique sacrificielle.* Cette condition nouvelle est la *finitude* de notre planète. Si dans un monde *infini* la croissance engendrée par le libre-échange, en dépit de ses excès et de ses insuffisances, pouvait se concilier avec la liberté (rien n'empêchant les victimes de la concurrence dans une branche donnée de l'activité humaine d'investir dans une autre, ou de fonder des relations de réciprocité pour produire des valeurs éthiques), sur une terre *finie*, la concurrence oblige l'échange à s'emparer de toutes les occasions possibles, et ceci aux dépens de la réciprocité, mais aussi rend irrationnelle une production de biens matériels qui n'aurait pour but que d'engendrer toujours plus de valeur d'échange car il n'est pas possible d'imposer une production infinie à un monde fini. L'argument des écologistes "objecteurs de croissance" apporte un "appui providentiel de la nature" à la "raison pratique".

Ruínas de São Miguel Rio Grande, Brésil

(by G. Roberto Schüür)

Épilogue

« Je ne sens plus ni mon offense ni la tienne, je sens seulement ce que ces nouveaux venus font subir à notre être ancestral et à ce que nous gagnèrent les coutumes de nos pères. Nous ont-ils laissé d'aventure un autre patrimoine que la liberté ? Cette même nature qui nous exempta du poids de la servitude étrangère ne nous fit-elle pas également libres de vivre accordés à un endroit que pour autant que nous le choisissions de notre propre volonté ? Ces collines qui nous entourent n'ont-elles pas été jusqu'à présent notre maison commune, sans que ni la vallée ni la forêt ne devienne chez nous une propriété privée ? […] »

Potiráva[256], chaman du Paraguay, 1578.

---

256. *Potiráva* "l'homme réciproque", *potirõ* : les mains de tous ensemble, réciprocité ; *áva* : homme. Cf. Bartomeu Melià, *El Guaraní conquistado y reducido, op. cit.*, pp. 152-153.

BIBLIOGRAPHIE

BAUDOT Georges & Tzvetan TODOROV, (Textes choisis et présentés par), *Récits aztèques de la conquête*, (traduits du náhuatl par Georges Baudot et de l'espagnol par Pierre Cordoba, annotés par G. Baudot), éditions du Seuil, Paris, 1983.

BOURDIEU Pierre, *Esquisse d'une théorie de la pratique*, éditions du Seuil, Paris, 2000.

CABEZA DE VACA Álvar Núñez, *Relation et commentaires du gouverneur A. N. Cabeza de Vaca sur les deux expéditions qu'il fit aux Indes*, (traduction de H. Ternaux-Compans, édition présentée et annotée par J.-M. Saint-Lu), Mercure de France, Paris, 1980.

CADOGAN León, *Ayvu Rapyta. Textos míticos de los Mbyá-Guaraní del Guairá*, Universidade de São Paulo, Boletim n° 227, Antropologia n° 5, São Paulo, 1959. Rééd. Biblioteca Paraguaya de Antropología, vol. XVI, Ceaduc-Cepag, Asunción, 1992.

CASSIRER Ernt, *Trois essais sur le symbolique*, Œuvres VI, Les éditions du Cerf, Paris, 1997.

COLOMB Christophe, *La découverte de l'Amérique*, (3 vol.), I *Journal de bord 1492-1493* ; II *Relations de voyage 1493-1504* ; III *Écrits et documents 1492-1506*, La Découverte, Paris, 1979-1991. Rééd. *Écrits complets 1492-1505*, (traduit par Soledad Estorach et Michel Lequenne), La Découverte/Poche, Paris, 2015.

EVANS-PRITCHARD Edward Evan, *The Nuer* [1937]. Trad. franç. *Les Nuer. Description des modes de vie et des institutions politiques d'un peuple nilote*, (traduit de l'anglais par Louis Évrard, préface de Louis Dumont), Gallimard, Paris [1968], rééd. 1994.

GRÜNBERG Georg & Friedl, *Proyecto "Paî Tavyterã", Programa de Desarrollo de Comunidades Indígenas*, C. C., Asunción, 1975.

HARNER J. Michaël, *The Jivaro : People of the Sacred Waterfalls* [1972]. Trad. franç. *Les Jivaros. Hommes des cascades sacrées*, Payot, Paris, 1977.

HENRY Michel, *L'essence de la manifestation*, P.U.F, Paris, 1963.

HENRY Michel, *Philosophie et phénoménologie du corps*, P.U.F, Paris, 1965.

HOBBES Thomas, *Léviathan* [1651], éd. Sirey, Paris, 1971.

LAS CASAS (de) Bartolomé, *Historia de las Indias*, [1527-1559]. Trad. franç. de J.-P. Clément et J.-M. Saint-Lu, *Histoire des Indes*, (3 vol.), éd. du Seuil, Paris, 2002.

LAS CASAS (de) Bartolomé, *La destruction des Indes* [1552], (traduction de Jacques de Miggrode, gravures de Théodore de Bry), éd. Chandeigne, Paris, 2013.

LÉVI-STRAUSS Claude, « Introduction à l'œuvre de Marcel Mauss », dans Marcel Mauss, *Sociologie et anthropologie*, P.U.F, Paris, [1950], 1991.

LÉVI-STRAUSS Claude, *Mythologiques. L'homme nu*, Plon, Paris, 1971.

LÉVI-STRAUSS Claude, *La vie familiale et sociale des indiens Nambikwara*, Thèse, Musée de l'Homme, *Journal de la Société des Américanistes*, Paris, Année 1948, Vol. 37, pp. 1-132.

LÉVI-STRAUSS Claude, *Les structures élémentaires de la parenté*, Mouton & Co, Paris-La Haye, (1947), 1967.

LUPASCO Stéphane, *Le principe d'antagonisme et la logique de l'énergie, Prolégomènes à une science de la contradiction*, éd. Hermann, Coll. « Actualités scientifiques et industrielles », n° 1133, Paris, 1951 ; 2de éd. Le Rocher, Coll. « L'esprit et la matière », Monaco, 1987.

MALINOWSKI Bronislaw, *Argonautes of the Western Pacific* [1922]. Trad. franç. *Les Argonautes du Pacifique occidental*, Gallimard, Paris, 1963.

MARTENS Francis, « À propos de l'oncle maternel », *L'Homme*, Paris, vol. XV n° 3-4, 1975, pp. 155-175.

MAUSS Marcel, *Essai sur le don. Forme et raison de l'échange dans les sociétés archaïques* [1923-1924], rééd. dans *Sociologie et anthropologie*, P.U.F, Paris, (195)], 1991.

MELIÀ Bartomeu, *Una nación, Dos culturas*, éd. CEPAG, Asunción del Paraguay, 1988.

MELIÀ Bartomeu & Dominique TEMPLE, *La réciprocité négative. Les Tupinamba*, Collection *réciprocité*, n° 5, 2017. Version franç. du chapitre "El nombre que viene por la venganza", dans *El don, la venganza y otras formas de economía guaraní*, Centro de Estudios Paraguayos "Antonio Guasch", Asunción, 2004.

MELIÀ Bartomeu, *El guaraní conquistado y reducido*, Ensayos de etnohistoria, vol. 5, Universidad Católica, Centro de Estudios Antropológicos, Asunción del Paraguay, (1988), 1993.

MELIÀ Bartomeu, « La *Tierra sin mal* de los Guaraníes, economía y profecía », *America Indígena*, vol. XLIX, N°3, Asunción (1987), 1989.

MELIÀ Bartomeu, « Culturas indígenas y evangelización. Desafios para una misión liberadora », *Papier présenté lors de la IVe semaine d'Études Interdisciplinaires*, Linha 2–CNBB, São Paulo, 16–20 octobre 1989.

MELIÀ Bartomeu & Christine MÜNZEL, « Ratones y Jaguares. Reconstrucción de un genocidio a la manera de los Axé-Guayakí », *Suplemento Antropológico de la Revista del Ateneo Paraguayo*, vol. 6, n° 1-2, Asunción del Paraguay, 1971.

MELIÀ Bartomeu, *La création d'un langage chrétien dans les réductions des Guarani au Paraguay*, Thèse (miméog.), Strasbourg, 1969.

MÉTRAUX Alfred, « La révolution de la hache », *Diogène*, n° 25, Paris, janv.-mars 1959, pp. 32-45.

MONTOYA Antonio Ruiz (de), *Conquista espiritual hecha por los religiosos de la Compañía de Jesús en las Provincias del Paraguay, Paraná, Uruguay y Tape*. [Madrid, 1639], rééd. El Lector, Paraguay, 1996.

MONTOYA Antonio Ruiz (de), *Tesoro de la lengua guaraní*, éd. por Juan Sanchez, Madrid, 1639.

MURATORI Ludovico Antonio, *Il christianesimo felice nelle missioni de' padri della compagnia de Gesù*, [1743-1749]. Trad. franç. *Relation des missions du Paraguay*, (1754), rééd. La Découverte/Maspero, Paris, 1983.

NECKER Louis, « La reacción de los Guaraníes frente a la conquista española del Paraguay : Movimientos de resistencia indígena » [1975], *Suplemento Antropológico*, vol. XVIII, Universidad Católica, Asunción del Paraguay, 1983.

NECKER Louis, *Indiens Guarani et Chamanes Franciscains : Les premières réductions du Paraguay (1580-1800)*, éd. Anthropos, Paris, 1979.

POLANYI Karl, *Trade and Market in the Early Empires*. Trad. franç. *Les systèmes économiques dans l'histoire et dans la théorie*, Paris, Larousse, 1975.

RADCLIFFE-BROWN Alfred, *The Andaman Islanders ; a study in social anthropology*, Cambridge University press, 1922.

SAHLINS Marshall, *Stone age economics*, [1972]. Trad. franç. *Âge de pierre, âge d'abondance*, Gallimard, Paris, 1976.

SCHMÍDL Ulrich, *Viaje al Río de la Plata (1534-1554)*, [1567], Emecé editores S. A, Alsina 2062, Buenos Aires, 1997.

SMITH Adam, *Recherches sur la nature et les causes de la richesse des nations* [1776], éd. Guillaumin, Paris, 1991.

STADEN Hans, *Warhafftige Historia und Beschreibung einer Landtschafft der Wilden Nacketen, Grimmigen Menschfredder Leuthen in der Newen Welt America gelegen...* [1557]. Trad. franç. *Nus, féroces et anthropophages*, Métailié, Paris, (1979), 2005.

SUSNIK Branislava, *El indio colonial del Paraguay*, I *El Guaraní colonial*, Museo Etnográfico "Andrés Barbero", Asunción del Paraguay, 1965-1966.

TEMPLE Dominique & Mireille CHABAL, *La réciprocité et la naissance des valeurs humaines*, L'Harmattan, Paris, 1995.

TEMPLE Dominique, *Lévistraussique : La réciprocité et l'origine du sens*, 1ère publication dans *Transdisciplines, Revue d'épistémologie critique et d'anthropologie fondamentale*, L'Harmattan, Paris, avril 1997, pp. 9-42 ; rééd. Collection *réciprocité*, n° 6, 2017.

TEMPLE Dominique, *La réciprocité de vengeance. Commentaire critique de quelques théories de la vengeance*, Collection *réciprocité*, n° 7, 2017.

TEMPLE Dominique, « Le Quiproquo Historique chez les Caraïbes », *Golias*, "1492-1992 : De la conquête de l'Amérique à la controverse de Saint-Domingue", n° 31, Bruxelles, 1992, pp. 139-163. Publication en castillan : *El Quid-pro-quo Histórico*, éd. Aruwiyiri, La Paz, 1997 ; rééd. dans *Teoría de la reciprocidad*, Padep-Gtz, La Paz, 2003.

TEMPLE Dominique, *Le contradictoire - principe structural des Nuer*, Collection *réciprocité*, n° 9, 2017.

TEMPLE Dominique, « Valeur et réciprocité » (2012), en ligne sur le site de l'auteur.

TEMPLE Dominique, « L'économie humaine », *La revue du M.A.U.S.S* semestrielle, n° 10, 2e semestre, "Guerre et paix entre les sciences. Disciplinarité et transdisciplinarité", éd. La Découverte, Paris, 1997, pp. 103-109 ; rééd. dans *L'Économie Politique*, Collection *réciprocité*, n° 13, 2018.

TEMPLE Dominique, *"Un nouveau postulat pour la philosophie"*, Collection *réciprocité*, n° 10, 2018.

TICIO Escóbar, *Una interpretación de las artes visuales en el Paraguay*, Centro Cultural Paraguayo Americano, Asunción, 1982.

TODOROV Tzvetan, *La Conquête de l'Amérique : La Question de l'autre*, éd. du Seuil, Paris, 1982,

WACHTEL Nathan, *La vision des vaincus*, Gallimard, Paris, 1971.

La plupart des articles de Dominique Temple sont disponibles sur son site web http://dominique.temple.free.fr

(Notes et illustrations : Hélène Temple)

Imprimé à la demande par Lulu.com

Dépôt légal mai 2018

Illustration de couverture : Sculpture en pierre du dieu aztèque

Quetzalcóatl (1450-1500)

(By Sean Pathasema/Birmingham Museum of Art)

www.ingramcontent.com/pod-product-compliance
Lightning Source LLC
Chambersburg PA
CBHW061922270726
48659CB00001BA/134